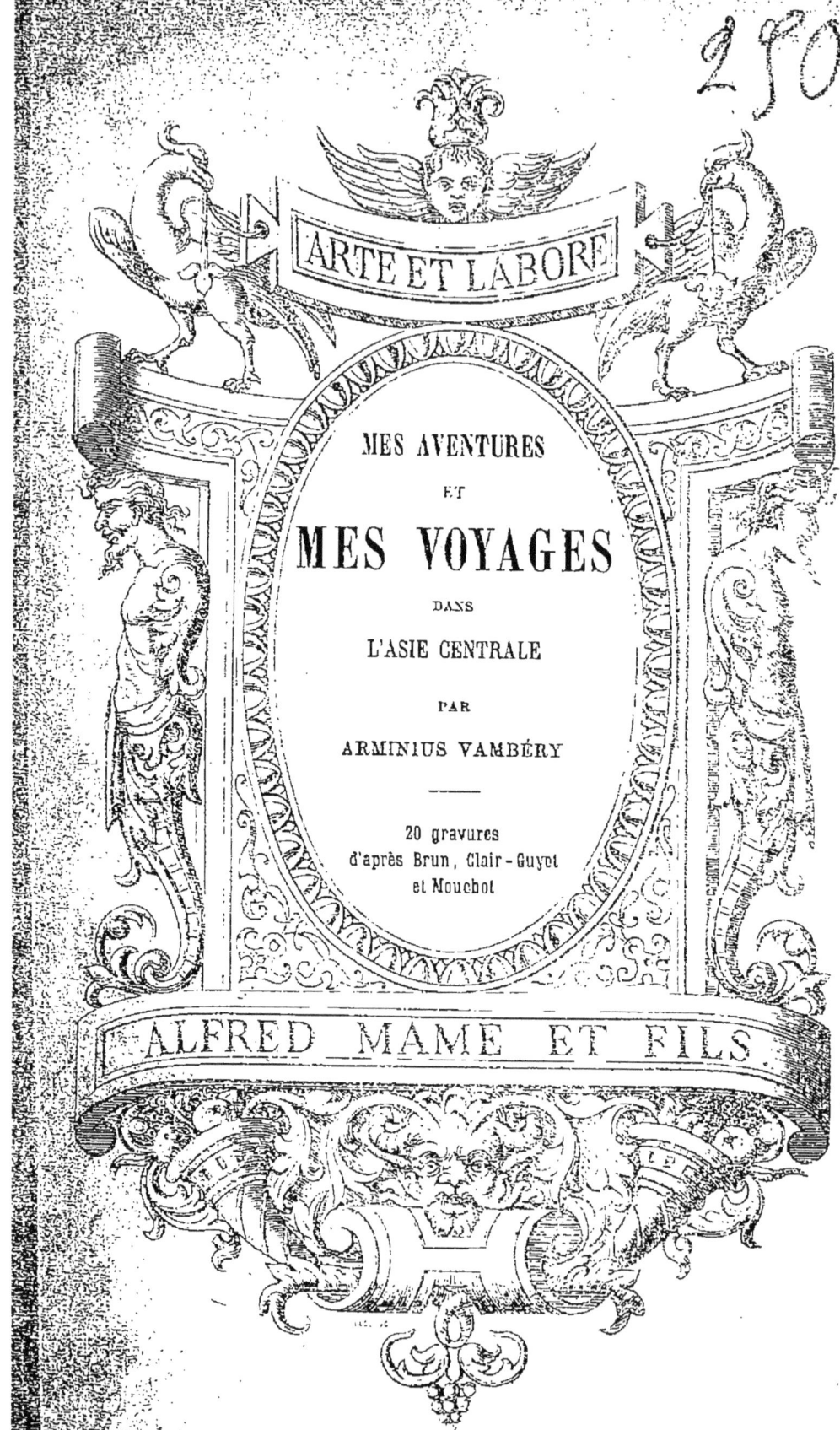

MES AVENTURES
ET
MES VOYAGES
DANS
L'ASIE CENTRALE
PAR
ARMINIUS VAMBÉRY

20 gravures
d'après Brun, Clair-Guyot
et Mouchot

ALFRED MAME ET FILS

MES AVENTURES

ET

MES VOYAGES

DANS L'ASIE CENTRALE

NOUVELLE SÉRIE

PROPRIÉTÉ DES ÉDITEURS

Le colonel me reconnut enfin. (P. 360.)

MES AVENTURES

ET

MES VOYAGES

DANS L'ASIE CENTRALE

DE TÉHÉRAN A KHIVA, BOKHARA
ET SAMARKAND

A TRAVERS LE GRAND DÉSERT TURCOMAN

PAR

ARMINIUS VAMBÉRY

PROFESSEUR DE LANGUES ORIENTALES A L'UNIVERSITÉ
DE BUDAPEST

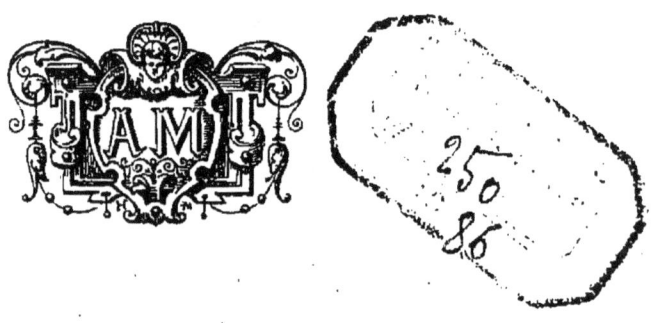

TOURS

ALFRED MAME ET FILS, ÉDITEURS

1886

INTRODUCTION

M. Arminius Vambéry, aujourd'hui professeur de langues orientales à l'université de Budapest, est le premier voyageur européen qui ait réussi, à une époque où l'Asie centrale était presque hermétiquement fermée, à pénétrer par le grand désert turcoman jusqu'à Khiva, Bokhara et Samarkand.

Ce fut sous le déguisement d'un derviche que M. A. Vambéry exécuta sa périlleuse entreprise.

« Pendant bien des mois, nous dit-il, vêtu de haillons, à peine nourri, exposé à périr de misère, menacé des plus affreux supplices, j'ai subi et affronté ce que la vie a de plus redoutable. »

Conduit à Constantinople par ses études philologiques, M. Vambéry y prolongea son séjour pendant plusieurs années ; il vécut dans des familles turques, il suivit les écoles de l'Islam, il fouilla toutes les bibliothèques de la capitale.

Parlant le turc aussi bien que sa langue natale, le hongrois, au courant des mœurs, des coutumes et des habitudes de l'Orient, personne ne pouvait mieux que lui essayer de parcourir ces lointaines et sauvages contrées de l'Asie musulmane, sous les dehors d'un pauvre derviche, c'est-à-dire d'un indigène.

Plus d'une fois, il est vrai, il fut sur le point d'être découvert; et si les pieux pèlerins auxquels il s'était joint n'avaient eu en lui la plus aveugle confiance, il aurait sans doute payé de sa vie une aussi grande témérité.

A l'époque (1862-1863) où M. Vambéry entreprit ses audacieuses explorations, les khanats de Khiva, de Bokhara et de Samarkand étaient encore gouvernés par des émirs indépendants. Aujourd'hui ces vastes territoires, déjà convoités par Pierre le Grand, sont tombés sous la domination russe, qui lentement, comme la tache d'huile, s'étend chaque jour de plus en plus en Asie, et vient de franchir les limites de l'Afghanistan, menaçant ainsi l'empire des Indes anglaises.

Il n'a fallu qu'une vingtaine d'années à la Russie pour étendre son protectorat sur 10 millions d'hommes occupant plus de 500 millions d'hectares.

Le khan de Khiva est soumis à une contribution envers la Russie ; mais il est rare qu'il ait de l'argent comptant. Dans ses lettres au représentant russe, il s'intitule lui-même *baïgouche,* c'est-à-dire « mendiant », et il a tout à fait raison.

Ceux qui ont récemment visité Khiva ont pu voir la situation actuelle du potentat, naguère si puissant seigneur. Son palais vide est dénué même de tapis, meuble asiatique indispensable. Il a perdu avec la rive gauche et le delta de l'Oxus une grande partie de ses sujets paisibles, qui, sans résistance, lui payaient toute espèce de tributs, quelquefois même un tribut qui dépassait leurs moyens. Le khan n'a conservé sous sa domination que les races turcomanes, qui jusque-là n'avaient été que vassales du khanat. Les Turcomans ne payaient leur impôt qu'en nature; ils fournissaient des gens armés, aussitôt que le khan l'exigeait, et lui remettaient une partie du butin que leur procurait le brigandage.

Dans l'état de choses actuel, le khan n'a que

faire de gens armés : il n'a point de guerre à soutenir. Il n'a pas de butin : le brigandage est défendu par ces maudits intrus en chemises blanches. Cependant il lui faut de l'argent, coûte que coûte... Il faut donc le prélever sur les Turcomans et changer la forme de l'impôt. Mais les Turcomans sont une race indépendante ; ils ne veulent pas entendre parler de quelque espèce de tribut que ce soit, refusent nettement de satisfaire le khan et se moquent de son impuissance.

Quand le chef russe presse de nouveau le khan de payer ses contributions, le khan répond : « Je n'ai point d'argent. » On lui dit : « Prélevez un impôt sur les Turcomans. » Il répond : « Les Turcomans refusent de payer l'impôt, prélevez-le vous-même. »

Prélevez-le vous-même veut dire : « Transportez-vous sur l'autre rive, marchez sur les cantonnements des Turcomans, » ou, en d'autres termes : « Déclarez-leur la guerre[1]. » Et c'est ainsi que les Russes ont peu à peu avancé de Khiva à Bokhara, de Bokhara à Merv, et de Merv aux frontières de l'Afghanistan.

---

[1] Karazine, *Le pays où l'on se battra*.

Suzerains en fait de Khiva, suzerains de Merv, maîtres d'Askhabad et de toute cette contrée immense du Turkestan dont les cavaliers pillards sont les seuls hôtes, les Russes veulent avoir une frontière naturelle entre leurs pays d'annexion et l'Afghanistan. D'après M. de Mailly, ils ne demandent pas autre chose que la libre possession de Penjdeh, de Merutschak et des divers points capables d'être fortifiés qui terminent la frontière sur leur carte du Turkestan, soumis totalement aux Russes aujourd'hui à des conditions diverses, suivant les districts.

Cependant l'opinion générale des Afghans, consultés par les Anglais eux-mêmes, se prononce en faveur de la Russie, qui, tôt ou tard, annexera Hérat, Caboul, Kandahar, et se trouvera ainsi en contact immédiat avec le royaume de Lahore et l'Indoustan, c'est-à-dire avec l'Angleterre.

« Si peu agréable qu'il soit d'en faire l'aveu, dit Mac Gregor, il n'y a pas de doute que les Russes ont pour eux le prestige et que d'avance on voit en eux les envahisseurs de l'Inde. »

Les Russes, il est vrai, n'ont pas encore mis le pied sur le territoire de l'Afghanistan; mais on sait que toutes les expéditions faites par eux dans l'Asie centrale se sont terminées par une conquête; de leur côté, les Anglais ont, pendant les cinquante dernières années, envahi trois fois l'Afghanistan, mais à quel prix! En 1842, après trois années d'occupation, les garnisons anglo-indiennes de Caboul et d'autres places, fortes d'environ 13,000 hommes, durent évacuer le pays. Harcelés par des foules armées et ne trouvant sur la route ni repos, ni abri, ni nourriture, les malheureux Anglais succombèrent à la fatigue, à la faim, au froid, aux maladies, ou furent massacrés en détail. Trois hommes seulement échappèrent au désastre, le plus grand qu'ait jamais eu à subir la fortune de l'Angleterre. Dans la récente guerre, les Anglais ont eu aussi à réparer un grave échec, la défaite de Kouchk-i-Nakoud; et quoiqu'ils aient abandonné cette fois le pays de leur plein gré, sans qu'un seul ennemi tentât de les poursuivre dans leur retraite, la légende propagée de tribu en tribu ne manqua pas de les représenter comme des fugitifs. Leur attitude justifie pleinement le mot que l'on prête à Ahmed-shah parlant de son pays : « Méfiez-vous de ma ruche ; les abeilles y sont, mais il n'y a point de miel. » Pour éviter les difficultés diplomatiques et les causes d'intervention, le gouvernement anglais ne permet que rarement à ses sujets de voyager en temps de paix sur le territoire afghan. Jusque dans l'Afghanistan occidental, sur la route de Farah à Hérat, se rencontrent de distance en distance des caravansérails que les Anglais ont construits et dont ils n'osent plus se servir. En 1840, il y a bientôt un demi-siècle, les avant-postes des Anglais se trouvaient au nord du col de Bamian, là où sont aujourd'hui ceux des Russes, et leurs canons se voient encore au fond des torrents qui se dirigent vers l'Oxus[1].

Au moment où la question de l'Asie centrale préoccupe tous les esprits et ouvre la porte à toutes les éventualités, il nous a paru intéressant de publier cette traduction du si curieux et si intéressant voyage de M. Arminius Vambéry.

De tous les livres, même de ceux parus récemment, aucun n'est mieux fait pour donner au lecteur une idée exacte de ces étranges et

---

[1] Reclus, *Géographie universelle*.

mystérieuses contrées, où la civilisation est si lente à pénétrer, et où elle ne pénètre malheureusement qu'à coups de fusil.

Après l'œuvre de sang, espérons que viendra l'œuvre de paix et de charité, et que l'Évangile ne tardera pas à apporter ses bienfaits et ses lumières à ces peuples à demi sauvages, encore plongés dans les ténèbres de l'erreur et des plus grossières superstitions.

MES AVENTURES
ET
MES VOYAGES
DANS L'ASIE CENTRALE

I

Arrivée en Perse. — Marche nocturne. — Téhéran. — A l'ambassade turque. — Réception amicale. — Turcs et Persans. — Les représentants des États européens à la cour du shah. — Guerre dans le Hérat. — Voyage ajourné. — Chiraz.

Quelle joie de voir poindre à son horizon les murailles de Téhéran lorsque l'on arrive de Taebriz, après avoir subi les accablantes fatigues d'un voyage d'été! Sur cette longue route monotone on ne compte que treize stations de caravanes. L'aspect de la contrée est d'une pauvreté qui afflige profondément le voyageur, déjà singulièrement éprouvé par l'âpreté du chemin qu'il doit franchir au pas de sa mule.

Et ce pays misérable et aride, c'est toute la Perse! La déception est cruelle pour celui qui s'est laissé prendre aux descriptions de Saadi, de Thakani et de Hafiz, ou dont l'imagination s'est allumée aux rêveries romantiques de Victor Hugo et de Thomas Moore.

A notre avant-dernière étape, l'*aschilodar,* ou chef de la caravane, décida que le voyage s'achèverait de nuit. On évitait la chaleur du jour, mais un inconvénient se présentait. Sous l'influence de la fraîcheur et bercé par la marche lente des animaux, on était tenté de s'endormir. Il fallait donc savoir se maintenir solidement en selle, et un Européen, surpris par un écart de sa monture, pouvait craindre de se fracasser le crâne sur les cailloux du chemin. Les Orientaux, coutumiers de l'aventure, n'ont pas ce souci. Ils dorment, quelle que soit la bête qui les porte, âne, mulet, cheval ou chameau.

Je vois encore un groupe dont je me suis longtemps égayé : c'était un petit âne qui portait enfourché sur son dos un grand Persan à longue robe. Les pieds du cavalier touchaient presque le sol, et sa taille s'inclinait jusque sur le col du baudet. L'un portant l'autre, ils s'avancèrent ainsi de longues heures.

La prudence et l'inquiétude me tinrent éveillés, tandis que la plupart de mes compagnons s'abandonnaient aux relatives douceurs du repos. J'avais pour me distraire le curieux spectacle de la caravane endormie continuant sa marche fantastique sous un ciel brillant d'étoiles. Je pouvais, avec tout le loisir nécessaire, étudier les constellations. Mais, bientôt las de ma contemplation, j'attendais avec impatience le moment où Orion et l'étoile du matin devaient apparaître. J'appelais de tous mes vœux l'aube qui mettait fin à notre étape nocturne.

Aussi ma fatigue était-elle extrême lorsque, le 13 juillet 1862, nous approchâmes de la capitale de la Perse. On fit halte à deux milles de la ville, près d'un ruisseau où nos bêtes se désaltérèrent.

« Téhéran! » me cria un de mes voisins en se frottant les yeux, et il m'indiqua un point au nord-est.

Je regardai. De longues lignes de vapeurs bleuâtres s'étendaient à l'horizon; une coupole, qu'un rayon de lumière venait éclairer, émergeait de ce lac d'azur. Bientôt le voile qui me cachait encore la base du monument se déchira, et j'aperçus devant moi le *Dar úl Chilafe*, le palais du souverain.

Ce n'était pas facile d'entrer dans la ville.

Bêtes et gens obstruaient la porte; des ballots de marchandises de toute espèce et de toute provenance gisaient sur le sol; le vacarme qui se faisait là était infernal. Au pied des murs de vieux mendiants se tenaient assis. J'entrai par le *Dervarse No*, en donnant du talon dans le flanc de mon mulet et en criant comme mes compagnons : *Chaterdar, chaterdar!* « Gare, gare! »

Un bazar que je rencontrai sur ma route m'opposa les mêmes obstacles, et je dus renouveler ma bruyante tactique. J'atteignis enfin le palais de l'ambassade turque, où j'eus le plaisir de constater que j'étais sorti indemne de cette horrible cohue.

J'arrivais à Téhéran en qualité de délégué de l'Académie de Hongrie, chargé d'une mission scientifique dans l'Asie centrale. Mon but était d'établir par des documents nouveaux et plus complets les affinités des idiomes hongrois, turco-tartare, et de caractériser l'origine altaïque de notre langue nationale. Comme j'avais déjà connu à Constantinople Haydar Effendi, le représentant de la Sublime-Porte à la cour du shah, je comptais sur un bon accueil. De plus, j'avais obtenu de ses meilleurs amis quelques lettres de recommandation qui ne pouvaient manquer de m'assurer des droits à l'hospitalité turque. J'étais à peu près certain de m'installer à l'ambassade.

Mais le ministre était absent. Il venait de partir avec toute sa maison pour Dschiser, à huit milles de Téhéran, où il avait son *yaïlah*,

Au pied des murs de vieux mendiants étaient assis.

sa résidence d'été. Je pris quelques heures d'un repos bien mérité, et, après avoir réparé les désordres de ma toilette, je louai un âne pour aller rejoindre mon hôte.

Je l'abordai deux heures plus tard sous une

vaste tente de soie; il était entouré de ses effendis et allait se mettre à table. Amicalement reçu par tous, je fus invité au repas, et bientôt la conversation prit la plus agréable allure. On parla de Stamboul, de la beauté de ses environs, de ce paradis que la comparaison avec le désert de Perse rendait plus radieux encore. Le parallèle s'étendit aux mœurs des deux pays, aux génies si différents de leurs peuples.

Si l'on remarque chez les Persans des manières affables et une finesse d'esprit que ne possèdent pas les Osmanlis, ceux-ci se distinguent par une franchise et une droiture qui font défaut aux premiers. On peut louer le sens poétique si développé des Persans, et il faut reconnaître qu'ils possèdent les avantages que procure une civilisation d'antique origine. Mais les Turcs ne réalisent-ils pas plus de progrès en étudiant avec ardeur les langues européennes et en s'initiant à toutes les sciences de l'Occident?

L'entretien roula longtemps sur ce thème et ne fut interrompu que par la nuit.

Le lendemain, je fus présenté aux autres ambassadeurs européens; je rendis visite notamment à M. de Gobineau, ambassadeur de France, et à M. Alison, le représentant de l'Angleterre.

En plus du personnel des ambassades, on rencontrait à cette époque à Téhéran un certain nombre d'officiers français, italiens, autrichiens, que le shah avait attachés à son service et qui en recevaient de riches honoraires. Ces messieurs nourrissaient de grands projets de réforme et auraient été parfaitement à même de les mener à bien. Mais de vulgaires intrigues, jointes au défectueux système de gouvernement, rendaient leurs efforts inutiles.

Ferruch-khan avait fait son tour d'Europe afin de convaincre les cabinets du grand désir que les Persans manifestaient de former un État digne d'entrer dans le concert des puissances. Partout il avait réclamé aide et assistance pour procurer au plus tôt à son pays les éléments civilisateurs nécessaires à sa rénovation. Nos ministres européens ne doutèrent pas un moment de la sincérité de cet appel. Ferruch-khan avait du reste fort bon air, avec sa barbe de fleuve, son grand bonnet fourré et sa longue robe persane. Il en imposa à tous.

Naïvement, l'Europe s'imagina qu'une civilisation nouvelle allait fleurir pour l'Iran, et quantité d'officiers, d'artistes et d'industriels se rendirent en Perse. On fit même plus : pour ne pas demeurer en reste de courtoisie, on s'empressa de rendre les visites de l'ambassadeur du shah. La petite Belgique, la première, dépêcha auprès du roi de Perse un délégué extraordinaire afin de négocier un traité de commerce et de cimenter des rapports de bonne amitié entre les deux pays.

Puis ce fut le tour de la Prusse. Le baron Von Minutoli, qu'elle chargea de le représenter à cette occasion, perdit la vie au cours de son voyage. Il mourut victime des fièvres près de la « céleste » Chiraz, où sa tombe se voit derrière le Baggi-Tacht, à quelque cent pas de la sépulture des poètes Saadi et Hafiz.

Peu de jours après mon arrivée, l'ambassade du nouveau royaume d'Italie faisait aussi son entrée à Téhéran. Elle comprenait plus de vingt personnes, et se divisait en diverses sections : diplomatique, militaire et scientifique. Je ne suis pas arrivé à percer le mystère de sa mission, mais je pourrais donner de curieux détails sur sa réception si je n'avais pas à m'occuper ici des préparatifs du voyage que je projetais.

Ma situation favorisée et le bien-être dont je jouissais à l'ambassade turque formaient un contraste parfait avec le rôle de derviche mendiant que je voulais prendre; mais ce confortable me pesait, et, dès le dixième jour, je serais volontiers parti pour Mesched et Hérat, si des événements que l'on prévoyait depuis quelque temps ne m'en avaient empêché.

Déjà, lorsque je quittai Constantinople, les feuilles publiques m'avaient appris que Dost-Mohammed-khan faisait la guerre au sultan d'Hérat, Ahmed-khan, son gendre et son vassal émancipé. Ahmed-khan, brisant avec lui, s'était placé sous la suzeraineté du shah. Mais je supposai que l'on avait exagéré la gravité des faits, et, ne croyant pas au danger, j'avais résolu de me mettre en route sans plus tarder.

A Téhéran, c'est-à-dire à trente-deux jours de marche seulement du théâtre de la guerre, je dus me rendre à l'évidence. Les communications se trouvaient réellement interrompues. Aucune caravane ne partait plus d'Hérat assiégé; aucun voyageur ne tentait de s'y rendre. Un Persan même eût risqué sa vie et sa fortune dans l'aventure; à plus forte raison un étranger aurait-il excité la méfiance, et les Afghans n'eussent pas manqué de le traiter comme on traite les espions.

Je compris qu'il m'était impossible dans ces circonstances de continuer mon voyage. Me diriger sur Bokhara par le nord, c'était d'autre part mal prendre mon temps, et affronter au milieu de l'hiver les déserts de l'Asie centrale. Force me fut ainsi de reculer mon départ jusqu'au mois de mars suivant. Ce retard me procurait l'avantage de jouir de la température la plus agréable. D'ici là, d'ailleurs, les obstacles qui me barraient le chemin d'Hérat, cette clef de l'Asie centrale, s'aplaniraient peut-être.

Cette résolution prise, comme nous n'étions qu'au commencement de septembre, je songeai à m'occuper pour le mieux durant les cinq ou six mois d'attente que je m'étais fixés. A Téhéran l'intérêt était médiocre, le pays connu par de nombreuses descriptions.

Je me rendis à Chiraz par Ispahan. Mon intention était moins d'étudier la Perse que de fuir les lâchetés de l'inaction. Je voulais m'habituer à mon rôle futur et m'initier aux menus épisodes de l'existence des derviches. C'est ainsi que je pris congé de mes hôtes et renonçai aux douceurs de leur hospitalité, pour aller visiter les monuments les plus célèbres de la contrée, les témoins de la vieille civilisation de l'Iran.

II

Je retourne à Téhéran. — Les derviches et les hadjis sunnites. — Je me mets en rapport avec une de leurs caravanes. — Les quatre chemins. — Il faut prendre un parti. — Je me fais Turc. — Résolution finale. — Conseils d'Hadji Bilal. — Comment je fus admis au nombre des hadjis. — Adieux et départ.

Vers le milieu de janvier 1863 j'étais de retour à Téhéran, chez mes amis de l'ambassade turque. Maintenant je n'avais plus d'hésitation; coûte que coûte, je voulais pousser vers l'est, et je commençai aussitôt mes préparatifs de voyage.

Selon une vieille coutume, l'ambassade accorde un modeste subside aux nombreux hadjis et derviches qui de Bokhara, de Khiva et de Khokand se rendent en Turquie. Ces pauvres mendiants, qui appartiennent à la secte des sunnites, en ont grand besoin, car ils ne peuvent espérer aucun secours, durant leur traversée de la Perse, des habitants du pays, chyites pour la plupart. Aussi ne se passe-t-il guère de jour qu'un de ces pèlerins ne vienne frapper à la porte de l'ambassade.

Je prenais plaisir à les attirer dans ma chambre. Ces malheureux déguenillés, qui arrivaient parfois des régions les plus reculées du Turkestan, me disaient mille choses intéressantes de leur patrie, et leur conversation m'était d'un grand secours pour mes études philologiques.

L'attention que je leur témoignais les surprenait beaucoup; car, naturellement, ils ne pouvaient soupçonner mes projets, et bientôt on s'émut de ma conduite dans le caravansérail où ils étaient hébergés. On y répétait que Haydar Effendi, l'ambassadeur du sultan, avait un grand cœur et que Reschid Effendi (c'était le nom que je portais), qui recevait les derviches comme des frères, ne devait être lui-même qu'un derviche déguisé.

Il arriva qu'avant de se rendre chez le ministre les pauvres hadjis, certains d'un bon accueil, venaient souvent frapper à ma porte. Celle de l'ambassadeur, du reste, ne leur était pas toujours ouverte, tandis que par mon entremise il leur était facile d'obtenir le viatique qu'ils réclamaient ou la réalisation de quelque autre vœu.

Les choses en étaient là lorsque, le matin du 20 mars, quatre pèlerins vinrent me prier de les accompagner auprès de l'envoyé du sul-

Khokand.

tan et d'appuyer une requête qu'ils avaient à lui adresser. Ils avaient à se plaindre des employés persans, qui, à leur retour de la Mecque, avaient exigé d'eux le payement d'une taxe depuis longtemps abolie et que le shah lui-même réprouvait : le vieil impôt que l'on infligeait autrefois aux sunnites.

« Nous ne réclamons pas d'argent à Son Excellence, me disaient mes visiteurs; nous voulons seulement qu'à l'avenir nos coreligionnaires puissent visiter les lieux saints sans avoir à redouter de semblables exactions. »

Des sentiments aussi désintéressés me surprirent; les Orientaux ne m'y avaient pas habitué. Un examen plus attentif me fit découvrir dans les traits de mes visiteurs un caractère de noblesse qui contrastait avec leur accoutrement délabré, et je me sentis porté vers eux par une secrète sympathie.

Dans un long entretien, je m'enquis de leurs compagnons, des incidents du grand voyage qu'ils avaient fait pour gagner la Mecque, et de la route qu'ils comptaient suivre en quittant Téhéran. Leur porte-paroles était un hadji originaire de la Tartarie chinoise, ou petite Bokharie. Il cachait ses guenilles sous un *archubbe* vert, longue robe qu'il venait d'acheter, et un large turban de soie blanche couronnait sa tête. Son regard plein d'éclairs semblait indiquer l'habitude du commandement.

C'était, en effet, un dignitaire de la cour du vang (gouverneur) d'Akou, province de la

Tartarie chinoise. Il faisait pour la seconde fois le pèlerinage de la Mecque. Les pèlerins qui l'accompagnaient étaient, ainsi que lui, les chefs d'une caravane de hadjis qui s'apprêtaient à regagner le Khokand et le Turkestan chinois, dont ils étaient originaires.

« Il n'y a pas de vipère bokhariote parmi nous, » me dit mon interlocuteur en me présentant les personnages de sa suite.

La haine qui animait les Uzbegs, ou Tartares de l'Asie centrale, contre les Tadjik, ou habitants primitifs de la Perse, m'était connue, et je ne m'étonnai pas de cette explosion de colère. Sans m'arrêter à ces traits de mœurs, je m'empressai d'interroger mes pèlerins sur la route qu'ils comptaient prendre pour rentrer dans leur pays. Ils m'expliquèrent qu'ils avaient le choix entre quatre itinéraires.

Ils pouvaient atteindre Bokhara par Astrakan et Orenbourg, par Meschen et Hérat, par Meschen et Merv, ou encore à travers les déserts turcomans et par Khiva. Les deux premières voies étant trop coûteuses et peu sûres, d'ailleurs, à cause des hostilités qui venaient d'être déclarées, le choix se limitait aux deux autres, malgré les difficultés qu'elles ne laissaient pas de présenter.

Notre conversation durait depuis une heure

déjà, lorsque, gagné par leur franchise, je conçus le projet de me joindre à ces hadjis et de les suivre dans leurs pérégrinations vers le centre de l'Asie. Pouvais-je rencontrer de meilleurs compagnons de voyage? J'étais à leurs yeux non pas un Européen, mais le derviche Reschid Effendi, le familier de l'ambassade turque de Téhéran. La confiance que je leur inspirais, les relations qu'ils possédaient à Bokhara, la seule ville de l'Asie centrale où je redoutais de pénétrer, connaissant le sort malheureux des voyageurs qui m'avaient précédé, me parurent des avantages si précieux, que je n'hésitai pas à confier aux hadjis l'idée qu'ils venaient de faire naître en moi.

Je prévoyais qu'ils me demanderaient les raisons qui me poussaient à tenter une aussi pénible aventure, et je ne pouvais, on le comprendra, révéler à ces Orientaux incultes la mission scientifique dont j'étais chargé. Ils eussent trouvé ridicule qu'un effendi, c'est-à-dire un homme distingué, s'en allât braver de tels dangers pour une semblable abstraction. Des travaux philologiques leur eussent paru un mauvais prétexte, sous lequel ils n'auraient pas manqué de chercher quelque motif compromettant.

L'Oriental n'éprouve pas le désir de s'instruire et n'en soupçonne pas l'existence chez les autres. Comme je ne voulais pas blesser dans leur manière de voir des musulmans fanatiques, je me vis obligé de recourir à un subterfuge qui, en flattant les sentiments de mes futurs compagnons, me permît d'atteindre mon but.

Je leur révélai que depuis longtemps j'étais tourmenté par le désir de visiter le Turkestan, ce dernier foyer resté pur des grandes vertus de l'Islam, et de rendre hommage aux saints de Khiva, de Bokhara et de Samarkand. « Ce dessein secret, ajoutai-je, m'a fait quitter la région de Roum (la Turquie), et voilà une année que j'attends en Perse l'occasion qui se présente enfin à moi. C'est Dieu qui m'a envoyé des compagnons tels que vous, avec lesquels je pourrai reprendre mon pèlerinage et réaliser mes vœux. »

Les bons Tartares demeurèrent un moment fort étonnés de ce langage. Revenus de leur surprise, ils me déclarèrent que maintenant ils n'avaient plus de doute et que j'étais bien le derviche qu'ils avaient dès l'abord deviné. Leur joie était grande de l'honneur que je leur faisais en les choisissant pour guides dans ce périlleux voyage.

« Nous ne serons pas seulement des compagnons dont tu as acquis l'amitié, me dit Hadji Bilal, le pèlerin au grand turban, mais nous voulons encore être tes serviteurs. Cependant il est de notre devoir d'attirer ton attention sur les dangers de ton entreprise. Les routes du Turkestan sont moins sûres que celles de ce pays; nous marcherons des semaines entières sans rencontrer de maisons pour nous abriter; il nous arrivera de manquer de pain et de ne pas trouver une goutte d'eau pour nous désaltérer. Mais ce n'est pas tout; à ces dangers il faut ajouter la crainte ou d'être tué, ou d'être pris et emmené en esclavage, ou de périr enseveli sous une trombe de sable. Réfléchis bien à la gravité de ton dessein, afin que plus tard tu n'aies pas de regrets à éprouver. S'il t'arrive malheur, nous ne voulons pas qu'on nous accuse d'en avoir été cause. Sache aussi que nos compatriotes, inexpérimentés et ignorants du monde, sont remplis de méfiance à l'égard de l'étranger. Enfin il faut songer au retour, que tu devras effectuer sans que nous puissions te venir en aide. »

Des perspectives aussi sombres n'étaient pas faites pour m'égayer; elles n'ébranlèrent pas toutefois ma détermination. Je dissipai facilement les appréhensions de mes nouveaux amis en leur racontant les périls que j'avais déjà affrontés, et en leur disant combien je me trouvais heureux de renoncer au confort de ma résidence et surtout aux vêtements européens dont l'usage ne me serait plus imposé.

« Je sais, dis-je aux hadjis, que ce monde n'est qu'un lieu de passage où nous ne resterons que quelques jours, et je prends en pitié ceux de nos musulmans qui poussent la prévoyance jusqu'à vouloir s'assurer non seulement du lendemain, mais d'un grand nombre d'années. Oui, chers amis, emmenez-moi avec vous; il est temps que je sorte de cet enfer d'erreurs dont je suis las. »

Ces arguments suffirent. J'étais agréé et n'avais plus à redouter aucune objection. Les derviches me prodiguèrent leurs accolades, au cours desquelles j'eus quelque peine à cacher la répulsion que me causaient les senteurs nauséabondes qui se dégageaient de leurs vêtements.

Il me restait à prendre congé de mon hôte Haydar Effendi. Il traita de folie mon projet de voyage à travers un pays dont aucun de ceux qui m'avaient précédé n'était revenu. Mon expédition lui paraissait d'autant plus insensée que je partais sous la conduite de gens capables, prétendait-il, de m'expédier dans l'autre monde pour une pièce de menue monnaie. Mais les plus effrayants tableaux du sort qui m'était réservé ne me firent pas revenir de ma résolution. Mes amis de Téhéran, me voyant inébranlable, m'accablèrent alors de leurs conseils et ne négligèrent rien pour m'être utiles.

Haydar Effendi accorda aux hadjis l'audience qu'ils lui avaient demandée, et, leur ayant promis l'intervention qu'ils attendaient de lui, il leur parla du projet que j'avais formé de me joindre à eux pour accomplir un pèlerinage aux sanctuaires du Turkestan et du Khokand. Il réclama pour moi leur protection, en les assurant qu'ils pouvaient compter sur une réciprocité de services, puisque c'était un effendi, un employé du sultan qui se confiait à eux, et qu'ils avaient à escorter dans cette expédition difficile.

Je n'assistai pas à cette réception ; mais je sus que les pèlerins s'engagèrent par serment à veiller sur ma vie et à me prêter tous les secours qui étaient en leur pouvoir. Le lecteur verra qu'ils ont été fidèles à la foi jurée, et que si j'échappai à la mort, je le dus à ce luxe de précautions prises par l'excellent ambassadeur turc.

J'appris également que Haydar Effendi, dans sa conversation avec les hadjis, avait exprimé son mécontentement de la conduite de l'émir de Bokhara, et que ses auditeurs s'étaient réjouis de ce blâme, qui répondait à leurs rancunes nationales.

Il se fit aussi montrer la liste des pauvres pèlerins, et leur donna à chacun 15 ducats, somme énorme pour ces pauvres diables sans le sou, habitués à vivre de privations, et pour qui le pain et l'eau étaient un régal.

Notre départ fut fixé pour la huitaine. Presque chaque jour Hadji Bilal venait me voir, et nous nous entretenions longuement ensemble. Il me fit faire la connaissance de gens d'Aksu, Jaskend et Bachikar : ils avaient plutôt l'air de bandits que de pieux pèlerins. Parmi eux se trouvait le fils adoptif d'Hadji Bilal, Abdul-Kader, un jeune homme de vingt-cinq ans, que je pris comme domestique.

« Il est fidèle, mais maladroit, me dit Hadji Bilal; pendant la route il cuira ton pain et fera ton thé. »

Hadji Bilal, qui avait encore un second fils adoptif doué d'un grand appétit, avait fait ce petit calcul : en attachant Abdul-Kader à mon service, celui-ci mangeait avec moi, et par conséquent il n'était pas obligé de le nourrir.

Les fréquentes visites qu'il me rendait auraient pu éveiller ma défiance et me faire croire qu'il craignait que je ne lui échappasse. Mais pour lui montrer toute la confiance que j'avais en lui, je lui fis voir l'argent que je comptais emporter; je lui demandai de me dire quels vêtements je devais prendre et de quelle façon je devais me comporter pour n'être pas reconnu de mes compagnons et être confondu avec eux.

Il me donna là-dessus les renseignements les plus minutieux.

« Commencez, me dit-il, par vous faire raser la tête; changez votre costume turco-européen contre un costume de Bokhara; n'emportez avec vous ni literie, ni linge, ni autre objet de luxe du même genre, qui vous ferait infailliblement reconnaître. »

Je me conformai à toutes ses indications; mon petit bagage fut bientôt préparé.

Trois jours avant le terme fixé, j'étais absolument prêt.

J'avais rendu à mes compagnons de route la visite qu'ils m'avaient faite. Je les trouvai entassés dans deux étroites cellules du caravansérail; ils étaient logés quatorze ensemble.

Je ne saurais exprimer l'impression de dégoût et d'horreur que fit sur moi l'épouvantable saleté de ces deux trous infects qui leur servaient de logis.

Ils m'accueillirent cependant le plus amicalement du monde, ils m'offrirent du thé; mais ce fut pour moi une terrible épreuve que de boire cette liqueur sans sucre dans une écuelle bokharienne. Je dus ensuite serrer dans mes

Derviches mendiants.

bras tous mes compagnons de voyage, qui me regardaient maintenant comme un frère, et m'en donnaient le titre. Nous nous accroupîmes en rond pour rompre le pain et pour délibérer sur la route que nous suivrions. Il fallait choisir entre les deux directions dont j'ai parlé;

toutes deux offraient à peu près les mêmes dangers, car il fallait traverser le grand désert des Turcomans. Le chemin qui passait par Mesched, Merv et Bukhara était la voie la plus courte ; mais de toutes les tribus turcomanes celle des Tecks était la plus sauvage, et il fallait la traverser. Ces brigands n'épargnent personne : ils vendraient même les prophètes comme esclaves si ceux-ci tombaient entre leurs mains. L'autre route conduisait au milieu des Jomutturcomans, peuple doux et hospitalier ; mais, avant d'arriver jusqu'à elle, on était aussi exposé à de fâcheuses rencontres de bandits, et la marche à travers le désert sans eau potable ne durait pas moins de quarante jours.

Après une discussion assez longue, nous adoptâmes le choix de cette dernière route.

« Mieux vaut encore, disait Hadji Bilal, avoir à combattre contre les éléments que contre la méchanceté des hommes. Dieu est grand et magnanime ; nous suivons sa voie, il ne nous abandonnera pas. » Ayant dit ces mots, Hadji Bilal se leva et donna sa bénédiction à l'assemblée. Nous levâmes nos mains vers le ciel, puis chacun prit sa barbe en disant : « Qu'il en soit ainsi. »

Rentré chez moi, j'eus à soutenir de rudes combats avec moi-même : je me demandais s'il valait réellement la peine d'affronter tant de périls pour ne retirer peut-être que de bien minces avantages. L'avis de mes amis n'était pas étranger à ces hésitations; on eût dit qu'ils s'entendaient pour me détourner de ce projet téméraire. Ils me rappelaient la fin tragique de mes devanciers, de Connolly, de Staddart et de Moorcroft, ainsi que les malheurs de Blocqueville, qui fut réduit en esclavage par les Turcomans et racheté pour 10,000 ducats.

« A la garde de Dieu! me dis-je; advienne que pourra! » Et ma résolution de partir fut inébranlable.

Je n'avais qu'une crainte, c'est que mes forces physiques me fissent défaut au milieu des privations de nourriture de tous genres auxquelles je serais exposé. Les grandes marches m'effrayaient aussi, car je suis boiteux.

La veille de mon départ, j'allai prendre congé de mes amis de l'ambassade turque. Il n'y avait que deux personnes à Téhéran qui connussent mon secret : la colonie européenne croyait que je ne me rendais qu'à Mesched, capitale du Khorassan.

III

Comment nous quittâmes Téhéran. — Voyage au nord-est. — Les hymnes de marche. — Notre caravane traverse les monts Elbour. — Entrée dans le Mazendran. — Un petit paradis. — Souvenirs lointains. — Tigres ou lions? — Les chacals. — Les babis. — Sari. — Les sunnites. — Karatepe.

Le 28, à l'aube, je me rendis au caravansérail où nous avions rendez-vous.

Ceux de mes compagnons de voyage qui avaient quelque argent avaient loué des mulets et des ânes jusqu'à la frontière de Perse. Ils étaient déjà à cheval, bottés et éperonnés. Les autres, obligés d'aller à pied, portaient des *acharouks* (guêtres en usage dans l'infanterie), et tenaient en main le bâton sacré des pèlerins.

Tous étaient impatients de partir.

Leurs misérables vêtements tenaient à peine ensemble au moyen de ficelles enroulées autour des bras et des jambes. Sous mon déguisement de mendiant, j'avais l'air d'un monarque en habit de gala.

Hadji Bilal leva les bras vers le ciel, et donna la bénédiction du départ. Nous prîmes notre barbe pour répondre : Ainsi soit-il. Les piétons se hâtèrent de prendre les devants, afin de précéder ceux d'entre nous qui étaient à cheval. Nous nous dirigeâmes au nord-est, vers Sari. Nous devions atteindre cette dernière ville au bout d'une semaine. Laissant sur notre gauche Tauchon-Tepe, nous prîmes le chemin de Dochdsherund et Firuskuh. Au bout d'une heure, nous étions à l'entrée du passage de la montagne d'où l'on aperçoit une dernière fois la plaine de Téhéran.

Plusieurs fois je me retournai comme pour dire adieu à la civilisation et à l'Europe. Le soleil éclairait Téhéran et faisait étinceler la coupole dorée du palais d'Abdul-Azim. La végétation était de toute beauté à cette époque de l'année. Téhéran, qui m'avait paru si triste l'année précédente, à mon arrivée, me semblait maintenant admirable. Avant de m'enfoncer dans des contrées où je ne trouverais que la barbarie, je me sentais pris d'une émotion profonde en jetant un dernier regard dans cette capitale ; mais, comme je ne voulais pas me trahir aux yeux de mes compagnons, je piquai vivement des deux, et ma bête s'enfonça dans le passage de la montagne, où ces paroles étaient inscrites pour moi : « Vous qui passez, laissez là toute espérance. » Selon la coutume des pèlerins, mes compagnons de voyage récitaient le Coran à haute voix, et chantaient des *telkins*, c'est-à-dire des hymnes. Sachant que les Osmanlis n'ont pas reçu une éducation religieuse aussi sévère que celle des peuples du Turkestan, ils m'excusèrent de ne pas me joindre à eux, et me dirent qu'ils espéraient que dans leur société l'exaltation religieuse me gagnerait aussi.

Nous continuions de gravir lentement les monts Elbour.

Voyant mon abattement, mes amis cherchaient à me distraire ; ce fut Hadji Salih qui releva mon courage, en m'assurant que tous m'aimaient comme un frère.

« Que Dieu nous aide seulement ! s'écria-t-il ; qu'il nous fasse sortir bientôt du pays des hérétiques chyites, afin que nous puissions enfin vivre parmi les Turcomans sunnites, nos coreligionnaires et compatriotes ! »

Peu à peu mes idées noires se dissipèrent. Je pressai ma bête, afin de rejoindre mes pauvres compagnons qui précédaient à pied la caravane.

En une demi-heure je les eus atteints, et je

les vis qui cheminaient gaiement, eux qui, en allant comme en revenant, étaient obligés de parcourir à pied cette effroyable distance du Turkestan à la Mecque! Tandis que quelques-uns chantaient des chansons joyeuses qui ressemblaient beaucoup aux chants hongrois, d'autres me racontaient leurs aventures. Ces entretiens m'étaient très utiles, car toutes ces histoires m'initiaient au caractère et aux habitudes de ces peuples, si différents du nôtre, et ils me faisaient paraître le voyage moins long. Pendant le jour, la chaleur était assez forte; cependant le matin il faisait très froid, surtout dans la région montagneuse. Je gelais dans mes vêtements légers, et pour me réchauffer il me fallait marcher à pied.

Je cédais alors mon cheval à un piéton, qui en échange me prêtait son bâton, et j'accompagnais pendant de longues heures l'avant-garde. Les pèlerins me parlaient toujours de leur patrie, et m'en faisaient des descriptions enthousiastes. Et lorsque le souvenir des jardins de Mergolan, de Namengan, de Jallabad et de Khokand les avait le plus exaltés, ils entonnaient un telkin, que j'accompagnais maintenant en criant le plus fort possible lorsque arrivait le refrain : « Allah! oh Allah! » Les essais que je faisais pour gagner leur amitié avaient un plein succès ; les jeunes les racontaient aux vieux, en s'en réjouissant et en disant : « C'est un vieux derviche ; il peut arriver à tout ! »

Après une marche de quatre jours, nous arrivâmes à Firuskuh, situé assez haut dans la montagne, et où l'on arrive par des chemins difficiles. La ville est au pied d'une petite sommité sur laquelle se trouve une vieille citadelle en ruines, formant la limite des provinces Irac Adjémi et Mazen Deran.

Nous nous dirigeâmes, le lendemain de notre arrivée à Firuskuh, vers le nord. Nous avions à peine fait trois à quatre lieues, que nous atteignîmes l'entrée du grand défilé de la montagne, lequel traverse tout le Mazen Deran, jusque près du rivage de la mer Caspienne. A peine le voyageur a-t-il laissé derrière lui le caravansérail et fait quelques pas hors de la ville, qu'au lieu d'une campagne triste et aride apparaît subitement une nature riche et luxuriante.

On ne se croirait pas en Perse, lorsqu'on voit tout autour de soi les forêts vierges et une verdure d'une exubérante puissance. Je ne veux pas décrire le Mazen Deran et ses beautés : des maîtres tels que Frazer Connolly et Burnes l'ont fait avant moi. L'enthousiasme et les pensées riantes que m'inspira ce beau pays dissipèrent mes dernières idées de tristesse et de découragement. Cette splendeur de la nature me fit oublier les dangers de mon entreprise, et ré-

Jallabad.

veilla en moi les doux mirages des contrées inconnues que j'allais visiter.

Il est vrai, pensais-je, que dans chacune de ces contrées la nature m'offrira un contraste frappant avec ce que je vois ici, car le grand et horrible désert, la plaine illimitée, la privation d'eau pendant de longs jours rendent plus profonde ma jouissance présente.

Les beautés naturelles du Mazen Deran impressionnèrent aussi mes compagnons de voyage. Ils regrettaient cependant que ce beau paradis fût entre les mains d'hérétiques chyites.

« Il est singulier, disait Hadji Bilal, que toutes les belles contrées du monde soient dans la possession des impies : Ce n'est pas en vain que le prophète a dit : *Ed dunja sidschn el numenim ve dschennet el Kafirin.* (Ce monde est la prison des croyants et le paradis des hérétiques). »

Hadji Bilal citait pour preuve l'Indoustan où règnent les Ingiliz, les plaines de la Russie, qu'il avait visitées, et le Frengistan, qu'on lui avait décrit comme une sorte d'Éden. Hadji Sultan Mahmoud cherchait à nous consoler par des exemples contraires, en vantant le pays montagneux qui se trouve entre Oosch (frontière du Khokand) et Kachgar. Il me dépeignit cette dernière contrée comme plus ravissante encore que le Mazen Deran ; mais je puis à peine le croire.

A la station Zirab nous atteignîmes l'extrémité nord de cette longue passe de montagnes. Là commencent les vastes forêts qui s'étendent jusqu'aux rives de la mer Caspienne.

A partir de ce point, on suit la route qu'a fait bâtir le shah Abbas II ; mais cette chaussée est à moitié démolie. Nous choisîmes Heften, au milieu d'une forêt de buis, pour notre halte de nuit. Les jeunes gens se mirent en quête d'une source, afin de nous procurer de l'eau potable pour le thé.

Tout à coup nous entendîmes un terrible cri de détresse : ils revinrent vers nous en courant de toute leur force. Ils avaient aperçu de grosses et horribles bêtes près de la source. Elles s'élancèrent dans les fourrés lorsqu'ils s'en approchèrent. Je crus d'abord que c'étaient des lions. Je me rendis dans la direction indiquée, et je vis, à une assez grande distance, deux superbes tigres, dont les robes magnifiquement tachetées apparaissaient tour à tour dans l'épaisseur des taillis.

Les indigènes nous dirent qu'il y avait dans la contrée beaucoup de bêtes fauves, mais qu'elles s'attaquaient très rarement aux hommes. Nous n'en fûmes pas inquiétés, si ce n'est par les chacals; bien qu'il soit facile de leur faire peur avec un bâton, ils arrivent en telle quantité, qu'on ne sait comment s'en débarrasser. On trouve des chacals dans toute la Perse : même à Téhéran on les entend crier le soir; toute la nuit j'étais obligé de remuer bras et jambes afin de les effrayer et qu'ils ne m'emportassent pas mon sac ou un de mes souliers.

Sari, où nous arrivâmes le lendemain, est la capitale du Mazen Deran. Non loin de la route se trouve Scheich Tabersi, un endroit où les babis (fanatiques religieux qui reniaient Mahomet et prêchaient le communisme) se sont longtemps défendus; ils étaient l'effroi du pays.

A chaque pas nous rencontrions de beaux citronniers et des orangers, dont les fruits d'un jaune rouge tranchaient d'une façon ravissante sur la sombre verdure des arbres.

Sari n'a rien de remarquable; mais son commerce, à ce qu'on dit, est assez important.

Lorsque nous traversâmes le bazar, un déluge de railleries, de blasphèmes et de malédictions tomba sur nous. Je ne laissai pas sans réponse ces impertinences; cependant je crus agir sagement en ne menaçant pas nos agresseurs de la canne ou de l'épée, car nous étions là au milieu de centaines de chyites.

Nous ne restâmes à Sari que le temps nécessaire pour y louer des chevaux et nous rendre au bord de la mer.

Le chemin passe à travers des marécages si boueux, qu'on n'y peut aller à pied. Pour atteindre le bord de la mer il y a diverses routes:

on y va par Ferahabad (les Turcomans disent Parabad), par Ges ou Karatepe.

Nous choisîmes ce dernier chemin, qui devait nous conduire au milieu d'une colonie sunnite, où nous attendait une réception hospitalière.

A Sari nous avions déjà rencontré plusieurs membres de cette colonie, qui étaient les meilleures gens du monde.

Après nous être reposés deux jours à Sari, nous nous mîmes en route pour Karatepe, où nous arrivâmes après une marche pénible de neuf heures.

Pendant ce trajet nous éprouvâmes déjà la crainte de rencontrer des Turcomans. Ces redoutables pirates abritent leurs barques le long de la côte, lancent à terre des bandes armées et poursuivent leurs exploits jusqu'à quelques lieues dans l'intérieur des terres; très souvent ils reviennent au rivage avec un ou deux Persans garrottés, dont ils ont fait la capture.

IV

Je suis l'hôte de Nur Ullah. — On me soupçonne. — Un *tirjaki*. — Nous arrivons au bord de la mer Caspienne. — Jakub. — Embarquement pour Aschourada. — La marine russe. — L'embouchure de la Geurghen. — Débarquement à Geumuchtepe.

Nur-Ullah, un Afghan de qualité, dont nous avions fait la connaissance à Sari, voulut me loger chez lui à notre arrivée à Karatepe.

Je lui dis que je ne voulais pas me séparer de mes compagnons. Il me proposa d'emmener aussi Hadji Bilal, et il n'eut pas de repos que j'eusse accepté son hospitalité. Je ne connus que plus tard les motifs de son amabilité. Il savait les bons termes dans lesquels j'étais avec l'ambassade turque, et il désirait que je demandasse à cette dernière de récompenser ses bontés pour moi dans une lettre de recommandation, que je lui donnai volontiers.

A peine fus-je installé dans ma nouvelle demeure qu'elle se remplit de visiteurs, qui s'assirent par terre les uns auprès des autres le long du mur et me regardèrent bouche béante.

Ils se communiquèrent d'abord entre eux leurs impressions, puis dirent tout haut ce qu'ils pensaient du but de mon voyage.

« Ce n'est point un derviche, chuchotaient-ils, il n'en a pas l'aspect, car la pauvreté de ses vêtements, les guenilles dont il est couvert, jurent avec sa physionomie et avec son teint. Les hadjis ne nous ont pas trompés, il est parent de l'ambassadeur qui est auprès de notre sultan à Téhéran (à ce mot de sultan tous se levaient pour saluer). Allah seul sait ce qu'un homme de si haute lignée vient faire parmi les Turcomans de Khiva et de Bukhara ! »

J'étais contrarié que ces indiscrets voulussent m'arracher le masque de mon incognito dès les premiers pas. Malgré tout, gardant l'attitude impassible d'un véritable Oriental, je demeurai assis, faisant semblant d'être absorbé dans mes réflexions et de ne pas entendre ce qu'on disait. Comme je ne voulais pas répondre à leurs questions, ils s'adressèrent à Hadji Bilal, qui leur répondit que j'avais été, en effet, un effendi, un fonctionnaire du grand sultan, mais que, gagné par la grâce divine, j'avais voulu me retirer près des hommes vertueux et me consacrer au pèlerinage aux tombeaux des saints.

Peu convaincus, la plupart des visiteurs secouaient la tête d'un air de doute; mais ils ne pouvaient revenir sur ce sujet, car le bon musulman ne doit jamais douter d'un *ilham,* c'est-à-dire d'un homme inspiré par la divinité.

Quoique certains du flagrant mensonge, ils n'exprimèrent pas moins leur étonnement et leur admiration en criant : « Vive Allah! vive Allah! »

Ceci se passait sur le territoire persan; je pus juger par là des épreuves nouvelles qui m'attendaient sur les confins de l'Asie centrale. La méfiance de ces sunnites m'était un avertissement pour l'avenir qui m'était réservé!

Enfin, après deux heures de questions indiscrètes et de méfiantes insinuations, tous ces hommes s'en allèrent.

Nous pûmes préparer un peu de thé et nous reposer. J'étais sur le point de m'endormir, lorsqu'un homme portant le costume turcoman, que je tins pour un membre de la famille, s'approcha de moi, et me dit confidentiellement que depuis quinze ans déjà il voyageait pour affaires à Khiva; qu'il était né à Kandahar; qu'il connaissait à fond les Turcomans, les

Uzbegs, les Bokhariotes, et traverserait le grand désert avec nous. Il me demanda mon amitié.

« *Kulli numenim ihvetim* (tous les croyants sont frères), » lui répondis-je.

Je le remerciai, en ajoutant qu'en ma qualité de derviche son offre m'était très agréable, ainsi qu'elle le serait aux compagnons avec lesquels je voyageais depuis longtemps. Il aurait bien voulu prolonger l'entretien; mais, comme je fis mine de vouloir dormir, il me laissa tranquille et alla se reposer de son côté.

Le lendemain matin, j'appris, par Nur Ullah, que cet individu était un tirjaki, c'est-à-dire un mangeur d'opium, et de plus un homme sournois et intrigant dont je devais me méfier.

Notre hôte nous fit ensuite observer que nous ferions bien d'acheter à Karatepe des provisions, de prendre du riz et de la farine pour deux mois; les Turcomans eux-mêmes s'approvisionnaient à Karatepe; d'ailleurs, il fallait que nous fussions munis de pain au moins jusqu'à notre arrivée à Khiva. Je laissai Hadji Bilal faire les provisions.

Pendant ce temps, j'allai visiter le village, situé sur la *Colline-Noire* (en turc, Karatepe), colline qui lui a donné son nom. Un quartier particulier est habité par les Persans, et l'autre par cent vingt-cinq à cent cinquante familles afghanes. Au commencement du siècle cette colonie afghane était beaucoup plus nombreuse. Fondée par Nadir-Shah, dernier conquérant asiatique, qui, comme on sait, accomplit ses plus grands exploits à la tête des Afghans et des Turcomans. On me montra encore sur la colline l'endroit où il se tenait pour passer en revue les milliers de sauvages cavaliers qui venaient, avec leurs chevaux écumants et leurs épées sanglantes, se ranger sous ses drapeaux. Nadir, à la vue de ce spectacle, sentait son cœur plein de joie et manifestait sa satisfaction en octroyant à Karatepe un jour de réjouissance.

L'existence de cette colonie sunnite a une grande importance, attendu que les Afghans sont les intermédiaires naturels entre les Turcomans et les Persans. Bon nombre de ceux-ci risqueraient de rester des mois entiers prisonniers des Turcomans, si les habitants de ce village n'étaient là pour les aider à négocier leur rançon.

A l'est, les sunnites de Khaf, Dscham et Bachirs, rendent le même service aux Persans; mais ils ont affaire à la tribu des Tecks, bien autrement redoutables que les Yomuts.

Du haut de la Colline-Noire j'aperçus pour la première fois la mer Caspienne. Ce n'est pas la pleine mer que l'on voit de là, c'est un bras seulement, enfermé par une langue de terre qui se termine à Aschourada (station russe); ce bras s'appelle la mer Morte. La presqu'île s'avance dans les flots comme une longue barre, sur laquelle se dressent, de distance en distance, quelques arbres touffus.

L'aspect de ce rivage désolé ne pouvait exciter mon enthousiasme. Il me tardait d'en connaître la côte orientale, et je me hâtai de rentrer chez moi, pour savoir où en étaient nos préparatifs d'embarquement pour la côte turcomane.

La veille au soir, on nous avait dit qu'un batelier afghan, qui portait des provisions aux Russes, voulait bien nous emmener avec lui à Aschourada, moyennant un *kran* (franc) par personne.

De là, avec le secours des Turcomans, nous pouvions atteindre en trois à quatre heures Geumuchtepe.

Il y avait à Aschourada un chef turcoman au service de la Russie, Khidr-Khan. Il aimait à protéger les pauvres hadjis. Nous nous proposâmes d'aller lui rendre visite.

Je fus très surpris en apprenant que les

Afghans étaient prêts pour le départ, qu'ils voulaient bien emmener avec eux les hadjis, mais qu'ils faisaient exception pour moi; on me tenait pour un émissaire secret du sultan, et les Afghans prétendaient qu'ils perdraient leur gagne-pain chez les Russes, s'ils prenaient sur leur bateau un personnage de mon espèce.

Cette détermination inattendue m'effraya beaucoup; mais je fus promptement rassuré par la déclaration que firent mes compagnons, en disant qu'ils ne partiraient pas sans moi, et qu'ils attendraient une autre occasion pour faire ce voyage. Tout ceci me fut raconté d'un air important par le fumeur d'opium, l'émir Mehemmed.

Un peu après, un Afghan, du nom d'Anacham, vint me trouver, m'exprima ses regrets sur l'incident qui s'était passé, et me demanda, en me promettant le silence, une lettre de recommandation pour Haydar Effendi.

Je lui promis de faire ce qu'il me demandait, et je laissai chez Nur Ullah quelques lignes pour lui.

Le même soir, nous apprîmes qu'un Turcoman, qui voulait aller directement à Geumuchtepe, consentait à emmener gratuitement avec lui tous les hadjis; s'il agissait ainsi sans intérêt, c'est qu'il était poussé par un sentiment religieux.

Nous devions nous trouver au bord de la mer, à la première heure, afin de pouvoir profiter d'un vent favorable.

Nous laissâmes toutes négociations entamées avec les Afghans.

Hadji Bilal, Hadji Salih et moi, qui formions le triumvirat de la caravane, nous nous mîmes tout de suite en quête du charitable et dévot Turcoman. Il s'appelait Jacub. C'était un jeune homme au regard fier; il nous embrassa tous les uns après les autres, et se montra disposé à attendre encore un jour, afin que nous eussions le temps de finir l'achat de nos provisions.

Hadji Bilal et Hadji Salih lui donnèrent leur bénédiction. Nous allions nous retirer, quand il me pria de rester encore un instant avec lui.

Il me dit qu'un juif, un sorcier habile, qui demeurait actuellement à Karatepe, lui avait promis de lui faire un talisman efficace contre le mal de dents dont il souffrait, s'il pouvait lui procurer trente gouttes d'essence de rose fraîche provenant de la Mecque. Cette essence était indispensable pour écrire la formule magique.

« Nous savons, me dit Jacub, que les hadjis

rapportent de l'essence de rose et d'autres parfums de la ville sainte ; c'est à toi comme étant le plus jeune des hadjis que je m'adresse, et j'espère que tu voudras bien satisfaire à mon désir. »

Je fus moins étonné de la superstition de l'enfant du désert que de la confiance qu'il avait dans les promesses et les paroles du présomptueux israélite. Mes compagnons portaient, en effet, de l'essence de rose sur eux ; le souhait du jeune homme fut vite exaucé. Il en témoigna une joie d'enfant.

Le surlendemain, de très bonne heure, nous étions tous réunis sur le bord de la mer.

Outre notre besace, chacun de nous avait encore un sac de farine ; il fallut beaucoup de temps pour nous transporter à bord du petit vaisseau, qui était éloigné d'un mille anglais de la côte, à cause du peu de profondeur de l'eau.

On procéda à cet embarquement au moyen d'un petit canot, creusé dans un tronc d'arbre. Je n'oublierai jamais ce mode d'embarquement. L'étroit tronc d'arbre creusé, chargé de passagers, de sacs de farine et d'effets entassés, le tout pêle-mêle, menaçait de sombrer à chaque minute, et nous pûmes nous estimer heureux d'arriver sans accident à bord du bateau.

Les Turcomans se servent de trois genres d'embarcations. Les *kesebois* ayant un mât, une grande et une petite voile; on les emploie au transport des fardeaux. Les *kajuhs* avec une voile; ces embarcations, qui filent avec une grande rapidité, sont généralement employées par les pirates. Les *teimils* sont les canots dont nous avons parlé plus haut.

L'embarcation que Jacub mit à notre disposition était un kesebois, qui transportait de l'huile de naphte, de la poix et du sel, de l'île Tscherken à la côte persane, et qui revenait au pays chargé d'une petite quantité de fruits.

Comme il n'y a sur ces bateaux aucune différence entre les places, chacun s'installa où il se trouva le mieux; mais Jacub nous fit observer que cela dérangerait sa manœuvre.

Nous fûmes placés sur deux rangs, pressés les uns contre les autres comme des harengs salés, afin que le milieu du bateau restât libre, et que Jacub et ses compagnons pussent diriger la manœuvre à leur aise.

Comme on peut le supposer, notre situation n'était pas des plus agréables.

Pendant le jour le voyage était bien encore supportable; mais la nuit c'était fatigant, lorsque, pris de sommeil, les hadjis vacillaient de droite et de gauche et pendant des heures ronflaient sur l'épaule de leur voisin. Souvent celui de droite et celui de gauche tombaient ensemble sur moi ; je devais supporter cet incommode fardeau sans mot dire, quoique je souffrisse horriblement; car on considère comme un grand péché de réveiller des hadjis qui dorment.

Le 10 avril 1863, un vent d'ouest favorable fit filer notre embarcation avec la vitesse d'une flèche.

A gauche nous avions l'étroite presqu'île, à droite les beaux massifs de verdure qui descendaient de la montagne et s'étendaient jusqu'aux bords de la mer.

Au milieu de ce splendide paysage, on apercevait le palais de plaisance que le shah Abbas, le plus grand monarque de la Perse, avait fait bâtir.

Une délicieuse température de printemps augmentait encore le charme de notre voyage d'Argonautes, et, malgré la gêne à laquelle j'étais soumis, je me sentais dans d'excellentes dispositions d'esprit. La pensée aurait pu me venir qu'au moment où j'abandonnais la côte je faisais un de ces pas décisifs sur lesquels on ne revient pas ; mais aucun regret ne traversa mon esprit. J'étais convaincu que mes compagnons, dont l'aspect m'avait d'abord effrayé, m'étaient dévoués, et que je pouvais compter sur leur appui et leur protection lorsque l'heure du danger viendrait.

Vers le soir il y eut une accalmie; nous dûmes jeter l'ancre près du bord, et on nous permit de venir faire notre thé sur le fourneau qui avait été allumé sur le bateau. J'avais caché dans mon sac quelques morceaux de sucre, et j'offris à Jacub une coupe de thé sucré.

Hadji Salih et Sultan Mahmoud se joignirent à nous.

Le jeune Turcoman se montra très communicatif, et parla de l'*alaman*. C'est le nom qu'ils donnent à leurs expéditions de pirateries. Un aimable sujet de conversation pour ces gens-là. Son regard brillant lançait des éclairs. Il était heureux de se faire valoir auprès des mollahs sunnites, en racontant les combats auxquels il avait assisté, combats qui étaient livrés contre les chyites hérétiques, et il disait combien il avait déjà fait de prisonniers.

Tandis qu'il parlait, ceux qui l'entouraient s'endormaient les uns après les autres; mais moi je restai à l'écouter plus longtemps, et c'est seulement vers minuit que je sentis le besoin de me retirer.

Avant de partir, il me raconta que Nur Ullah l'avait prié de me conduire comme son

2*

hôte dans la tente de Khandjan, capitaine de Turcomans; Nur Ullah lui avait dit avec raison que je n'étais pas comme les autres hadjis, et que je méritais d'être mieux traité.

« Khandjan, ajouta Jacub, est l'*aksakal* (chef) d'une puissante tribu, et du temps de son père il ne passait aucun derviche, hadji ou tout étranger allant à Geumuchtepe, sans qu'il reçût chez lui l'hospitalité. Comme tu viens de Roum (Turquie d'Europe), tu seras certainement bien reçu, et tu m'en seras reconnaissant. »

Le lendemain, à cause du vent contraire, nous ne pûmes continuer notre voyage que fort lentement. Il faisait nuit noire lorsque nous arrivâmes à Aschourada.

Aschourada est le point le plus méridional des possessions russes en Asie. Il y a vingt-cinq ans que les Russes s'y sont fixés; leur présence date de l'époque où, avec leurs bateaux à vapeur, ils ont su inspirer une crainte suffisante en faisant la chasse aux pirates turcomans d'Alaman. Auparavant, les Turcomans étaient maîtres chez eux. Cependant cet endroit n'était pas encore habité, et ne servait que de dépôt au butin des pirates.

L'Aschourada actuel fait une impression agréable sur les voyageurs qui arrivent de

Perse. Le nombre des maisons bâties sur la côte orientale est très petit. Mais, dans leur construction à l'européenne, l'église que l'on aperçoit, tout cela ne pouvait me laisser indifférent. Les navires à vapeur, principalement les bâtiments de guerre, me rappelaient la vie dans nos grandes villes maritimes.

Comme mon cœur battit lorsque, vers le soir, je vis glisser fièrement sur l'eau un beau navire qui allait à Aschourada !

Les Russes ont constamment ici deux grands navires de guerre et un petit, sans lesquels ni les bateaux russes qui séjournent dans ces parages, ni les bateaux à voiles qui viennent d'Astrakan, ne seraient en sécurité contre les attaques des Turcomans.

Un navire marchand, en pleine mer, n'a rien à craindre; mais il n'oserait s'approcher de la côte sans se faire accompagner par un vapeur de guerre.

Le commandant de place n'épargne ni ses peines ni l'argent pour réprimer la piraterie. Déjà le mal a diminué; mais il est absolument impossible de rétablir une sécurité complète dans ces contrées sauvages, et l'on ne peut empêcher que de temps en temps des matelots russes soient faits prisonniers et emmenés en esclavage ou jetés dans les chaînes à Geumuchtepe.

Les vaisseaux russes croisent nuit et jour, sans interruption, dans les eaux turcomanes ; tout batelier turcoman qui veut se rendre à la côte orientale ou sur la rive persane, doit être muni d'un passeport valable pour un an. Ce passeport coûte huit, dix à quinze ducats, et doit être visé à chaque passage d'Aschourada. Le bateau est aussi visité, on s'assure s'il n'a pas à bord des prisonniers, des armes ou des objets de contrebande. C'est ainsi qu'on a pu enregistrer une grande partie des bateaux turcomans qui font le commerce ; les bateaux irréguliers s'esquivent, mais lorsque les Russes les rencontrent, ils sont coulés s'ils ne se rendent pas. Tandis que d'une part on agit avec la sévérité nécessaire, de l'autre on ne néglige pas d'user de politique en cherchant à demeurer en bons termes avec les tribus. On espère, le cas échéant, pouvoir se servir des unes contre les autres.

Lorsque je passai à Aschourada, Khidr-Khan, de la tribu Gazili Keur, était depuis trente ans au service de la Russie, sous le nom de *derya béghi*, c'est-à-dire amiral. Il avait un traitement d'environ quarante ducats par mois, sur lesquels il en donnait dix à son *mirza* (secrétaire).

Khidr-Khan habitait dans une petite tente au milieu de la colonie semi-européenne, et sa principale fonction consistait à empêcher la piraterie, en dénonçant aux Russes les projets des corsaires, vu que les compagnons de sa tribu pouvaient, étant témoins oculaires des préparatifs, jouer le rôle d'espions. Malheureusement Khidr-Khan ne convenait pas du tout pour cet emploi. Il aurait pu se rendre utile, mais il avait fait connaissance avec le *vodki* (eau-de-vie russe), et il était constamment gris.

Son fils, qui devait le remplacer à Geumuch-tepe, faisait cause commune avec les *karaktchi* (brigands); il les protégeait et se gardait bien de prévenir les Russes de n'importe quels préparatifs de piraterie.

Jacub avait son passeport en règle; après la visite du bateau, on nous avait permis de continuer notre chemin. Mais ces formalités n'avaient été remplies que le lendemain de notre arrivée, la nuit étant trop avancée pour que la descente immédiate des douaniers fût possible.

Nous jetâmes l'ancre à une petite distance de terre. Mes compagnons regrettèrent de ne pouvoir aller présenter leurs hommages à Khidr-Khan. Mais moi j'en fus intérieurement très heureux, car je me serais peut-être trouvé dans une situation difficile. Khidr aurait pu, en remarquant mes traits européens, prendre de la défiance contre moi.

Une seule chose m'inquiétait encore : c'était la crainte que mes traits et la couleur de mon teint, qui différait énormément encore de celui de mes compagnons, n'attirassent l'attention des Russes. La peur de traitements inhumains de leur part était bien loin de ma pensée; ce que je redoutais, c'est qu'ils ne me conseillassent de renoncer à mon projet. Il était à craindre, dans ce cas, que plus tard mon *incognito* ne fût trahi près des Turcomans par des bavardages.

Une indiscrétion de ce genre m'eût sans doute coûté la liberté. Qui sait s'il n'eût pas fallu plus d'argent pour m'arracher à un rude esclavage qu'il n'en avait fallu pour payer la rançon de Blocqueville?

Ces réflexions m'inquiétaient tellement, que ma dernière soirée en fut attristée. Ce fut avec la plus vive anxiété que je me réveillai.

Le lendemain matin, on entendait sonner les cloches à Aschourada. Mes compagnons disaient que c'était un dimanche, jour de fête des hérétiques; mais quel dimanche? je l'ignorais. Nous étions près d'un vaisseau de guerre qui avait tous ses pavillons dehors. Soudain je vis des matelots en grand uniforme ramer régulièrement près du rivage; un officier, également en grande tenue, monta dans le canot, et fut bientôt amené à bord du vaisseau. Après dix minutes environ on nous appela; près de l'escalier du navire, plusieurs officiers blonds étaient réunis. Mon cœur commençait à battre à coups redoublés; nous nous rapprochions toujours davantage du bateau, et je pris soin que nous nous présentassions de telle sorte que je pusse éviter autant que possible un dangereux tête-à-tête. Mon bon destin voulut que notre embarcation se présentât de telle façon que ma personne ne pût être vue que de dos.

La visite fut abrégée, c'était jour de fête. L'interprète échangea quelques mots avec Jacub, les officiers causèrent de notre caravane, et, entre autres propos, j'entendis cette phrase : *Smotrite kakoi bieloi étot hadji,* c'est-à-dire : « Vois comme ce hadji est blanc. »

Cette observation avait probablement trait à mon teint.

Cette remarque fut la seule; quelques instants après nous étions loin du vaisseau russe. Je respirai librement, et mon anxiété prit fin.

Un vent d'ouest assez violent s'éleva.

Jacub, qui regardait fixement un point blanc à l'horizon, s'entretint secrètement avec ses matelots, et ce ne fut que lorsque le point redouté eut disparu que la grande voile fut hissée, et que nous voguâmes vers l'est avec la rapidité d'une flèche, en coupant les vagues.

A une demi-heure environ d'Aschourada, nous passâmes près de plusieurs bouées, formées de longues perches peintes en rouge. Jacub me dit que les Ingliliz, c'est-à-dire les Anglais, les avaient placées là pour marquer la limite des eaux russes et des eaux turcomanes. « Ces limites seraient, ajoutait-il, toujours défendues par les Ingliliz contre les attaques des Russes. » Qui inspira à ces enfants du désert les calculs d'une politique si profonde? Je n'ai jamais pu percer ce mystère; ce que je comprends encore moins, c'est la sympathie de l'Angleterre pour les Turcomans.

La côte turcomane s'allongeait comme une longue langue de terre irrégulière. Nous suivions la même direction que plusieurs bateaux filant devant nous. Bientôt après les voiles furent repliées, parce qu'il n'y avait que très peu d'eau. Nous étions à environ un mille et demi de l'embouchure de la Geurghen. Sur les deux rives s'étendaient les maisons de Geumuchtepe, qui ressemblaient à des ruches colossales placées les unes à côté des autres.

Le peu de profondeur de l'eau empêche d'aborder à Geumuchtepe. Il nous fallut attendre que Jacub eût débarqué et nous envoyât plusieurs teimils pour nous transborder. Trois à quatre de ces singulières embarcations arrivèrent à notre bateau ; elles furent obligées de faire plusieurs voyages pour nous débarquer tous.

Hadji Bilal et moi nous restâmes les derniers, et je me réjouis fort, quand nous touchâmes le rivage, d'apprendre que Khandjan, qui avait été prévenu par le brave Jacub, s'était hâté de venir à notre rencontre.

On me le montra à quelques pas de nous sur la jetée, dans l'attitude voulue pour la prière du soir.

V

Cordiale réception chez Khandjan. — Curiosité que réveille l'arrivée de notre caravane. — La religion commande l'hospitalité envers les pèlerins. — Repos et repas sous la tente. — Je deviens derviche. — Je distribue mes bénédictions. — Mon déguisement me fournit d'heureuses relations. — Mes excursions. — La muraille d'Alexandre. — Un voleur repentant. — Différence entre les Persans et les Turcomans. — Les haillons sont nécessaires en voyage. — Départ.

Lorsqu'il eut fini sa prière, Khandjan se leva, et je me trouvai en face d'un homme d'une quarantaine d'années, beau, grand et mince, qui portait une grande barbe lui tombant jusque sur la poitrine. Ses vêtements étaient très simples.

Il vint tout de suite à moi, m'embrassa et me souhaita la bienvenue.

Il fit de même avec Hadji Bilal et Hadji Salih.

Lorsque la caravane fut sur pied avec ses sacs et bagages, nous prîmes le chemin des tentes.

La nouvelle de notre arrivée s'était déjà répandue, mais on avait singulièrement exagéré notre nombre.

Les femmes et les enfants sortaient des tentes pour nous voir. Outre la curiosité, il y avait chez ces gens l'accomplissement d'un devoir religieux. Ils prenaient leur part au pèlerinage; cet accueil bienveillant leur était, du reste, commandé par leur religion. Je ne sais ce qui frappa le plus ma curiosité, ou des tentes en forme de dôme, ou des délicieuses robes de soie rouge que portaient les femmes, robes qui leur allaient jusqu'à la cheville. Les jeunes comme les vieux de toute classe venaient toucher les pèlerins, sur lesquels ils espéraient trouver encore un peu de sainte poussière de la Mecque et de Médine.

Un peu fatigués de ces démonstrations d'amitié et d'hospitalité, nous arrivâmes devant la tente de l'*archi-ishan* (prêtre).

Je vis alors le plus intéressant spectacle que l'on puisse imaginer.

Il s'agissait de loger les pèlerins; c'est à qui en aurait un, deux ou trois.

J'avais bien entendu parler de l'hospitalité des nomades, mais je n'avais jamais pensé qu'elle allât aussi loin. Khandjan mit tout le monde d'accord en adjugeant à chacun une part. Quant à Hadji Bilal, à moi et à notre suite, nous dûmes loger chez Khandjan. Comme sa tente était la dernière, il nous fallut passer devant toutes les autres; elles s'étendaient sur les deux bords du Geurghen. Le soleil baissait déjà lorsque nous arrivâmes très fatigués, avec l'espoir de pouvoir nous reposer un peu. Mais, hélas! quelle déception!

La tente spéciale qu'on nous avait réservée, et dont nous avions pris possession après avoir rempli les formalités nécessaires, qui consistaient à en faire deux ou trois fois le tour en crachant aux quatre coins, la tente fut bientôt remplie de visiteurs qui demeurèrent près de nous très tard dans la nuit, en nous importunant de mille questions amicales.

Hadji Bilal lui-même, quoique accoutumé aux usages du pays, finissait par perdre patience.

Baba Djan, garçon de douze ans, fils de Khandjan, nous apporta le repas du soir, composé de poisson bouilli, accommodé avec du lait aigre, et qu'on nous servit dans des écuelles de bois.

Il les avait prises des mains d'un esclave persan chargé de lourdes chaînes.

S'asseyant près de son père, tous deux nous regardèrent avec plaisir manger d'un appétit pantagruélique.

Après le repas, on fit la prière.

Hadji Bilal leva les mains au ciel, chacun l'imita; et lorsqu'il prit sa barbe en disant: *Bismillah, Allah Eukber,* tout le monde l'imita.

Le 13 avril, je me réveillai pour la première fois sous une de ces tentes turcomanes qu'on appelle *tchatma* chez les Yomuts, et *aladja* chez la plupart des autres tribus. Un sommeil tranquille sous cette demeure légère m'avait rendu frais et dispos.

Le charme de la nouveauté m'avait mis en joie et en bonne humeur.

Hadji Bilal s'aperçut de ma gaieté, et m'invita à faire une petite promenade; lorsque nous fûmes un peu éloignés de la tchatma, il me dit qu'il était grand temps de renoncer à mes allures d'effendi pour prendre celles d'un derviche.

« Tu dis déjà avoir remarqué que mes compagnons et moi nous prodiguons nos *fatiha* (bénédictions); fais comme nous. Ce n'est pas la coutume dans ton pays, je le sais; mais ici c'est indispensable.

« On trouverait singulier que toi, qui prétends être un derviche, tu n'agisses pas comme nous. Tu connais déjà la façon de bénir, il n'y a qu'à étendre les mains; il faut aussi répandre des parfums divins. N'oublie pas surtout, quand tu seras auprès d'un malade, de lui donner en entrant ta bénédiction. Tout le monde sait que nous vivons de notre ministère et que nous ne dédaignons pas les petits cadeaux. »

Hadji Bilal s'excusa de m'endoctriner ainsi, mais c'était dans mon intérêt ; puis il ajouta que j'avais probablement entendu raconter l'histoire du voyageur qui, dans le pays des borgnes, tenait constamment un œil fermé, pour paraître infirme comme eux.

Je le remerciai de tout cœur pour ses bons conseils. Il me dit encore que Khandjan et beaucoup d'autres Turcomans avaient pris sur moi des renseignements, et que lui, Hadji Bilal, avait eu bien de la peine à les convaincre que mon voyage n'était pas l'accomplissement d'une mission officielle.

Les Turcomans s'imaginaient qu'envoyé par la Turquie je devais travailler contre les Russes à Khiva et à Bokhara. Hadji Bilal, sans vouloir détruire complètement chez eux cette illusion, car ils portent au sultan un grand respect, désirait cependant me voir gagner leur estime.

Nous revînmes bientôt sous la tente, où notre hôte nous attendait en compagnie de beaucoup de ses amis et de ses parents. Sa femme et sa vieille mère nous furent d'abord présentées pour recevoir notre bénédiction.

Nous fîmes ensuite connaissance avec les

parents les plus proches de Khandjan. Celui-ci nous expliqua que la coutume turcomane était de considérer les hôtes comme des membres de la famille.

Nous étions maintenant sûrs d'être bien accueillis, non seulement par la tribu, mais encore par tous les Yomuts. Personne n'eût pu toucher à un seul de nos cheveux sans avoir à en rendre raison aux Keltes, c'est-à-dire à la tribu de Khandjan.

« Vous serez obligés d'attendre ici au moins deux semaines, nous dit Khandjan, jusqu'à ce qu'il se présente une caravane pour Khiva. Reposez-vous, et allez visiter les Owas. Jamais le Turcoman ne laisse passer devant sa tente le derviche les mains vides, et vu la distance que vous avez à parcourir jusqu'à Khiva et Bokhara, il ne peut vous être désagréable de remplir votre sac de pain. »

On peut juger combien cette nouvelle me fut agréable, à moi qui désirais rester aussi longtemps que possible à Geumuchtepe.

A mesure que s'étendait le cercle de mes relations, le dialecte des Turcomans me devenait plus familier. Les premiers jours j'allai avec Khandjan chez son frère et chez plusieurs de ses amis. Plus tard j'accompagnai souvent Hadji Bilal quand il allait distribuer ses bénédictions, ou Hadji Salih lorsqu'il faisait des visites en qualité de médecin.

Pendant qu'il administrait des médicaments, je disais à haute voix la formule de bénédiction; on me donnait toujours pour cela soit un petit tapis de feutre, soit des poissons secs. Au bout de cinq jours j'avais déjà fait et reçu nombre de visites. C'était ou des malades ou des gens qui se faisaient passer pour tels, et à qui je donnais ma bénédiction; ou que je parfumais d'eau de rose; ou pour lesquels j'écrivais de petits talismans, toujours en échange de la rémunération habituelle.

Il y avait bien parmi eux quelques finauds qui mettaient en doute mon caractère de derviche, et me prenaient pour un émissaire secret; mais je ne m'en préoccupais guère, car le droit des gens me protégeait.

Il ne venait à l'idée de personne de me prendre pour un Européen.

Je pus bientôt compter parmi mes amis les gens les mieux posés et les plus influents.

L'amitié de Kizil Achond me fut très utile. Il était fort considéré parmi les savants turcomans. J'étais avec lui dans les meilleurs termes, et sa recommandation m'ouvrait toutes les portes. Kizil Achond avait reçu, pendant qu'il faisait ses études à Bokhara, un livre sur l'exégèse, livre en langue osmanico-turque. Or il ne comprenait pas très bien cette langue ; je lui en donnai la clef. Je lui fus ainsi fort utile ; aussi vantait-il partout mon érudition et ma parfaite connaissance des livres de l'Islam. Satlig Achond, savant non moins célèbre et prêtre très estimé, se prit aussi d'affection pour moi. Lorsque nous nous rencontrâmes pour la première fois, il remercia, dans une prière spéciale, la Providence qui l'avait mis en relation avec un musulman de Roum, ce foyer de la foi.

Si quelqu'un se permettait une remarque sur la blancheur de mon teint, il disait que c'était la véritable *nour ul Islam* (la lumière de l'Islam) qui rayonnait de mon visage. « Cette blancheur, ajoutait-il, est un privilège divin inhérent aux croyants occidentaux. »

Je fus enchanté de faire la connaissance de Mollah Dordi, qui avait le rang de *kasi-kelan,* c'est-à-dire de grand juge, car lui seul avait quelque influence sur ces populations, qui ne se laissent nullement conseiller par les *aksakal* ou barbes blanches.

Comme on voulait bâtir une mosquée avec les briques des ruines grecques de Geumuchtepe, on me pria d'indiquer où il fallait mettre le *mihrab* (autel), car Kizil Achond m'avait désigné comme le derviche le plus savant et le plus expérimenté.

Il n'y avait pas dans tout le pays d'autres pierres que celles de ces ruines grecques, et c'était une aspiration civilisatrice que de vouloir bâtir un temple à la divinité dans Geumuch-tepe, le principal campement des Yomuts.

C'était Alexandre qui avait construit autrefois ces forteresses, et les dévots turcomans regardaient comme un devoir d'aller chercher pour bâtir le temple quelques centaines de pierres carrées qu'ils enlevaient des ruines et qu'ils entassaient au même endroit.

Ils choisirent, pour faire le plan de leur temple et diriger sa construction, un Turcoman qui passait pour le plus capable en ces sortes de travaux.

Lorsque, à l'aide de la boussole, j'eus désigné la direction de la Mecque, on commença à élever les murs sans avoir creusé de fondements, circonstance qui ne pouvait contribuer à la solidité de l'édifice, mais à laquelle peut-être ils ne tenaient pas, de crainte que les Russes pussent s'en servir un jour.

Mon intention était de m'initier peu à peu aux mœurs intimes de ces peuplades, d'apprendre à connaître les diverses ramifications des tribus et des familles, ramifications que l'on tient cachées le plus possible à l'étranger. Je voulais ainsi me faire une idée exacte des groupes sociaux qui se meuvent en apparence au sein d'une complète anarchie. Cette tâche m'offrait plus de difficultés que je ne l'avais supposé d'abord, car ces demandes de renseignements m'étaient presque interdites, mon titre de derviche me forçant à me renfermer dans les questions religieuses.

Lorsque je parlais des choses de ce monde, on s'en étonnait.

Par bonheur les Turcomans, qui sont très paresseux, passent des heures entières à causer affaires et politique. Assis au milieu d'eux, tout en égrenant mon chapelet d'un air méditatif, je prêtais une oreille avide et je recueillais des renseignements précieux sur les *alamans* (razzia), les relations des Turcomans avec le Vilayet (Perse), sur le khan de Khiva et sur les autres peuples nomades.

Tous les jours j'avais occasion de faire, en compagnie de Kizil Achond, une excursion nouvelle ; tantôt nous allions visiter les Atabeg (tribus des Yomuts qui résident à l'est), tantôt les Turcomans appelés Geurghen.

Ces voyages eurent pour moi le plus grand intérêt, car je pus voir de près une grande partie de la muraille qu'Alexandre le Grand fit jadis bâtir pour se garantir contre les incursions des cavaliers du désert, déjà très redoutées en ce temps-là. Le voyage de Kizil Achond avait trait à une enquête judiciaire, nécessitée par je ne sais quelle procédure. Elle exigeait de fréquentes haltes, et c'est ainsi que nous mîmes quatre jours à une tournée qui n'en eût exigé que deux. Nous faisions, il est vrai, de fréquents détours dour éviter les marécages couverts de roseaux et les sangliers, très nombreux dans ces parages. Les marais en question sont formés par les inondations de la Geurghen, qui, au printemps, grossit et se répand sur ses rives, à plusieurs lieues de distance.

Presque toutes les tentes se trouvent dans la partie élevée de la vallée, où il suffit de marcher pendant un quart d'heure pour en rencontrer de nombreux groupes.

Je crois avoir découvert à l'est deux sorties dans les grandes ruines, l'une près de Geumuchtepe, qui marque le commencement de la muraille au bord de la mer, l'autre à vingt milles anglais au sud de la rivière Etrek, également près de la mer. Les deux lignes de ces murailles devraient se réunir sur le Altni Tolmak.

J'ai pu suivre dans une longueur de vingt

lieues au moins, de l'ouest au nord-est, la ligne des anciennes fortifications qui part de Geumuchtepe. Il m'a fallu pour faire ce trajet deux jours entiers. Ces ruines s'élèvent encore à deux à trois pieds du sol. Le tout a à peu près l'aspect d'une longue ligne de terrassement, coupée de distance en distance de tours d'égale dimension, à demi effondrées. Au pied de ces murs il y a de grands monticules de terre ; je laisse aux gens compétents l'explication de leur origine. Les Turcomans ont fouillé le plus petit de ces monticules, et l'on m'a raconté qu'ils ont découvert, dans une cavité carrée, un vase colossal, aussi mince que du papier et renfermant une cendre bleuâtre. Parfois ils trouvaient dans ces vases des monnaies d'or et des bijoux. Il faut distinguer ces monticules des *joska* (tumuli), que les Turcomans élèvent en l'honneur de leurs grands morts.

Kizil Achond, mon savant compagnon, était très étonné de l'intérêt qu'éveillaient en moi le Seddi Iskender (Vallée d'Alexandre) et les travaux que les *Djinns* (génies) avaient exécutés par ordre du grand capitaine.

« Alexandre, me disait Kizil Achond, a été un meilleur musulman que nous, et c'est pour cela que les génies se sont mis à son service. »

Il allait me raconter le voyage si connu d'Alexandre dans la vallée des Ténèbres, mais il se tut en voyant combien une brique qui se détachait attirait mon attention. Ces briques, d'un rouge clair, sont jointes par un ciment indissoluble ; on les romprait plutôt que de les séparer.

Toute cette contrée serait du plus grand intérêt pour un archéologue. Il y pourrait non seulement étudier les ruines de la civilisation grecque, mais encore les vestiges des *tumuli* appartenant à la civilisation iranienne. En effet, les historiens arabes nous parlent fréquemment des ruines qui existent encore à l'endroit appelé Chehri-Djordjan. Kumbesi-Kaus (le dôme de Kaus) est un monument écroulé qui mérite beaucoup plus d'attention que ne lui en accordent les explorateurs britanniques.

Je fus fort surpris d'apprendre que Kizil Achond, que je croyais savant mais non riche, possédait trois tentes, des femmes et beaucoup d'enfants, issus de trois mariages successifs. En l'accompagnant, je faisais toujours, dans un endroit ou dans l'autre, connaissance avec de nouveaux membres de ses diverses familles, et je compris bientôt que son voyage judiciaire se doublait de considérations de famille.

Du reste, il n'y avait, pour ainsi dire, pas de différence entre les réceptions qui nous étaient faites chez les siens, ou celles qui nous étaient faites ailleurs.

Le mollah, — c'est le nom qu'on donnait de préférence à Kizil Achond, — était reçu même chez les tribus ennemies avec les plus grands honneurs, et accueilli comme le maître et seigneur de la maison.

Quant à moi, qui jouais le rôle de son disciple, j'étais comblé de cadeaux; je reçus bon nombre de nattes de prière, un manteau turcoman, un grand bonnet de fourrure, coiffure nationale de ces cavaliers nomades. Quand j'en couvrais ma tête, qu'une écharpe roulée tout autour s'était transformée en un léger turban, mon costume était absolument identique à celui des mollahs du pays.

Rentré à Geumuchtepe, mes compagnons, qui n'approuvaient pas de semblables excursions, s'inquiétaient déjà de ma longue absence.

Je leur demandai à tous de leurs nouvelles.

On me raconta qu'Hadji Salih avait tiré bon parti de sa médecine, et qu'Hadji Kari Messud, qui avait été interné dans une mosquée, c'est-à-dire dans une tente servant aux usages religieux, avait été victime d'un vol. Comme on avait d'abord cherché le malfaiteur de tous les côtés, et qu'on ne le trouvait pas, l'*ischan* avait déclaré qu'il donnerait au voleur sa malédiction, si celui-ci ne rapportait pas immédiatement l'objet du larcin.

Vingt-quatre heures ne s'étaient pas écoulées que le criminel, bourrelé de remords, rapportait, non seulement ce qu'il avait pris, mais encore une offrande expiatoire.

J'eus de bonnes nouvelles de la caravane qui devait se rendre à Khiva. Mes amis me dirent que le khan de Khiva, auquel les médecins avaient ordonné du lait de buffle, avait envoyé à Geumuchtepe le *kervanbachi* (chef de caravane) pour acheter deux couples de ces animaux, inconnus dans son pays. Celui-ci avait déjà été à Astrabad et en était immédiatement revenu. Il était maintenant sur le point de se remettre en route, et il était très avantageux pour nous de faire le voyage en compagnie d'un homme aussi actif, aussi expérimenté et aussi familiarisé avec le désert.

Ce qui me frappa aussi, c'est que, malgré la généreuse hospitalité qu'ils avaient trouvée chez les Turcomans, mes compagnons en étaient horriblement las; car, disaient-ils, c'était une torture atroce pour eux que d'être les témoins des traitements cruels que les captifs persans avaient à subir de la part des Turcomans.

« Certes, ajoutaient-ils, nous savons que les Persans sont des hérétiques, et que leurs compatriotes nous ont bien tourmentés lors de notre passage en Perse; mais réellement ce que souffrent ici ces pauvres diables dépasse toute mesure. »

La pitié de mes compagnons prouve combien sont à plaindre ces malheureux prisonniers, car ces hommes à demi sauvages n'ont certainement pas le cœur tendre. Cependant ils maudissent de toutes leurs forces ces cruels brigands. On peut s'imaginer, en effet, ce qu'un pauvre Persan doit souffrir d'être arraché à sa famille, et, quoique couvert de blessures, réduit en esclavage.

On lui enlève ses habits, on le couvre de guenilles turcomanes qui ne le garantissent aucunement du froid, et on le charge de chaînes qui mettent des entraves à sa marche. Les premiers jours, et même parfois les premières semaines de sa servitude, on le soumet à la diète, et plus tard on ne lui donne que les aliments les plus grossiers.

La nuit, pour prévenir toute tentative d'évasion, on lui passe au cou un collier de fer, attaché par une chaîne à un piquet.

Au moindre mouvement du prisonnier, le cliquetis des chaînes trahirait les efforts qu'il ferait pour fuir.

Son supplice ne cesse que si ses parents le

rachètent, ou s'il est envoyé pour être vendu à Khiva ou à Bokhara.

Je ne pouvais m'accoutumer à ce bruit de chaînes que l'on entend sous la tente de tout Turcoman qui se respecte.

Khandjan avait deux esclaves, des garçons de dix-huit à vingt ans, magnifiques de jeunesse et de santé. Le spectacle de leur dure captivité me fendait le cœur.

Ma situation n'était pas gaie, car j'étais contraint de maudire et même d'injurier ces misérables prisonniers, sous peine de me trahir moi-même; et pourtant, grâce à ma connaissance approfondie de la langue persane, ces malheureux s'adressaient de préférence à moi.

Le plus jeune de ces esclaves, un bel Irani aux cheveux noirs, me supplia de lui écrire une lettre pour ses parents, afin de leur dire qu'il fallait vendre maison et moutons, faire tous les sacrifices imaginables pour le tirer de sa captivité.

Je fis ce qu'il me demandait.

Un jour que je me croyais à l'abri de tout regard, je pensai pouvoir impunément lui offrir une tasse de thé; malheureusement, au moment où il étendait la main pour la prendre, un importun entra chez moi, et je dus donner à mon geste une toute autre intention et même feindre de frapper ce misérable.

Lorsque, malgré nous, nous fûmes restés trois semaines à Geumuchtepe, Khandjan, notre hôte bienveillant, se prêta aux préparatifs de notre départ. Acheter des chameaux nous aurait entraînés à trop de dépenses; nous nous décidâmes à en louer un par chaque couple de pèlerins, pour transporter notre eau et notre farine.

L'exécution de ce projet aurait été difficile si nous n'avions eu le bonheur de trouver dans la personne d'Ilias-Beg un homme qui, bien que n'étant pas religieux, et n'ayant pas grande estime pour notre titre de hadjis, respectait cependant les lois de l'hospitalité et ne reculait devant aucun sacrifice pécuniaire.

Ilias, quoique Turcoman de Khiva, faisait partie de la tribu des Yomuts. Une fois par an, son voyage d'affaires le conduisait à travers le désert, et pendant son séjour à Geumuchtepe il était placé sous la protection de Khandjan, protection sans laquelle il eût été aussi exposé que tout autre étranger. Il arrivait habituellement en automne, et s'en retournait au printemps, après avoir chargé vingt à trente chameaux en partie avec ses propres marchandises, en partie avec des marchandises consignées en ses mains.

Cette année-là, comme il voulait emmener

avec lui quelques chameaux sans les charger, la modique somme de la location qu'il en retirerait était pour lui de l'argent sur lequel il ne comptait pas.

Khandjan nous avait recommandés à lui de la manière la plus chaleureuse, et ces mots : « Ilias, tu me réponds d'eux sur ta vie ! » avaient prouvé à ce dernier à quel point de considération nous tenait notre hôte.

Il baissa les yeux vers la terre, ainsi qu'ont coutume de le faire les nomades, lorsque leur attention se concentre dans l'examen d'une question ; et la réponse qu'il débita à voix très basse, sans desserrer les lèvres et avec une parfaite indifférence, fut : « Je vois bien que vous ne me connaissez pas. »

Ce sang-froid singulier et la lenteur que mettaient les deux Turcomans dans leurs négociations commençaient à m'échauffer la bile, car j'étais encore quelque peu Européen ; j'oubliai qu'Hadji Bilal et mes compagnons assistaient en auditeurs passifs à ces débats, et je fis quelques observations, que je regrettai bientôt, car, bien que j'eusse répété plusieurs fois les mêmes paroles, personne ne parut y faire attention.

Sans qu'il nous eût été permis d'intervenir dans la négociation, on convint de nous louer pour deux ducats un chameau jusqu'à Khiva. Ilias déclara qu'il voulait transporter gratuitement notre eau et notre farine.

Mon argent de voyage que j'avais cousu dans mes haillons, ainsi que le produit assez riche de mon métier de derviche, m'auraient permis de louer un chameau pour moi seul; mais Hadji Bilal et Sultan Mahmoud m'en dissuadèrent, me faisant observer qu'un aspect pauvre et misérable est, chez ces nomades, le meilleur moyen de ne pas éveiller l'envie et d'exciter la pitié. Pour peu qu'on le soupçonne bon à dépouiller, le meilleur des amis devient hostile.

Plusieurs de mes compagnons, qui étaient fort à leur aise, allaient à pied et en guenilles par raison de sécurité.

Je louai donc un chameau de compte à demi. Je stipulai cependant que je pourrais me servir d'un *kedjeve* (panier d'osier qui pendent de chaque côté du chameau), vu qu'il m'était impossible, avec mon pied boiteux, de marcher, et qu'il serait trop fatigant pour moi de faire quarante étapes, pressé, sur la même selle étroite, contre un de mes compagnons. Ilias refusa d'abord, parce que, disait-il avec raison, les *kedjeve* sont un double fardeau pour les pauvres bêtes.

Mais Khandjan parvint à calmer ses scrupules, et il consentit enfin.

J'eus la consolation de savoir que je pourrais dormir un peu, pendant la route que nous avions à parcourir en vingt jours, d'ici à Khiva, et dont chacun me faisait un horrible tableau.

Je fus surtout heureux lorsque j'appris que j'aurais comme contrepoids (c'est ainsi qu'on s'exprime en parlant des *kedjeve*) mon ami de cœur, Hadji Bilal, dont la société me devenait de plus en plus précieuse chaque jour.

Une fois l'affaire conclue, nous payâmes d'avance, selon l'usage, le prix convenu.

Hadji Bilal récite une *fatiha*, et, lorsque Ilias eut promené sa main dans les quelques poils de sa barbe, la chose fut définitivement conclue.

Nous priâmes notre chamelier de presser, autant que possible, le départ. Il ne pouvait s'engager par aucune promesse, attendu que ce départ dépendait du kervanbachi envoyé par le khan, qui devait prendre avec ses buffles la tête de notre caravane.

Au bout de quelques jours nous fûmes prêts à partir pour Etrek, notre point de rendez-vous.

Les préparatifs terminés, je brûlais d'un double désir d'abandonner Geumuchtepe :

1° parce que je voyais arriver de plus en plus les grandes chaleurs, tandis que nous perdions notre temps ; puis parce que nous craignions chaque jour davantage le manque d'eau dans le désert ; 2° parce que les absurdes rumeurs qui circulaient sur mon compte commençaient à me gêner.

Tandis qu'en général on me regardait simplement comme un pieux derviche, certains faisant des conjectures ne pouvaient s'empêcher de penser que j'étais un puissant ambassadeur du sultan, accrédité auprès de l'ambassadeur turc de Téhéran. On croyait que j'emportais avec moi des milliers de fusils, et que mon but était de conspirer contre la Russie et la Perse.

Si ces propos étaient arrivés aux oreilles des Russes d'Aschourada, ils en auraient ri ; mais ils auraient pu m'arrêter, et alors la découverte de mon incognito eût pu avoir des suites cruelles, peut-être une captivité qui aurait duré autant que ma vie.

Je priai de nouveau Hadji Bilal de quitter au moins Geumuchtepe le plus vite possible. Lui, qui autrefois était si impatient, se montrait, depuis la promesse d'Ilias, tout à fait indifférent, et à mes instances il répondait que c'était très ridicule de vouloir devancer la destinée. « C'est en vain que tu te hâtes, me dit-il ; tu seras obligé de rester aussi longtemps sur les bords de la Geurghen que le *nazib* (sort) n'aura pas décidé que tu dois te désaltérer autre part; et personne ne sait si cette volonté d'en haut se manifestera plus tôt ou plus tard. »

Qu'on imagine l'effet sur moi d'une réponse aussi orientale. Elle irritait mon impatience; il est vrai qu'il fallait que je me soumisse, puisqu'il m'était impossible de faire autrement.

Il arriva sur ces entrefaites que quelques karaktchi réussirent à capturer cinq Persans, qu'ils prirent par traîtrise dans une de leurs expéditions. Parmi ces prisonniers, l'un était riche. Les bandits étaient allés avec un canot au delà de Karatepe, sous le prétexte d'acheter un chargement de céréales et des grains du village de Maliki (Perse). L'affaire fut bientôt conclue. A peine les Persans, qui ne se doutaient de rien, furent-ils arrivés au bord de la mer, que les pirates se jetèrent sur eux, et les garrottèrent. Enterrés jusqu'au cou sous le grain, ils furent transportés ainsi à Geumuch-tepe. J'étais présent lorsqu'on déballa ces malheureux, dont l'un était dangereusement blessé. Les Turcomans eux-mêmes trouvaient qu'on avait usé dans cette expédition de moyens vils et déloyaux.

Les Russes d'Aschourada se crurent en demeure d'intervenir, et menacèrent de débarquer si les prisonniers n'étaient pas mis en liberté.

Comme les pirates refusaient obstinément de lâcher leur proie, je m'imaginai que ceux des Turcomans qui étaient le plus menacés forceraient leurs compatriotes à rendre la liberté aux prisonniers. Il n'en fut rien cependant. On courut à droite et à gauche en se distribuant des armes, afin d'être tout prêts à se défendre vigoureusement dans le cas où les Russes débarqueraient.

Ce qu'il y a de plus curieux, c'est qu'on m'arma aussi d'un fusil : je me trouvai fort embarrassé pour savoir contre qui diriger mes coups.

Heureusement on s'en tint aux menaces.

Le lendemain matin, un vapeur russe s'approcha tout près du bord; la chose fut négociée diplomatiquement, c'est-à-dire que les Turcomans donnèrent des garanties pour l'avenir; mais les cinq Persans restèrent dans les fers.

Le plus riche paya bientôt une rançon de cent ducats; un autre, qui était infirme et qui ne valait même pas quatre ducats, fut relâché spontanément en l'honneur des Russes. Mais les trois autres prisonniers, de robustes gaillards, furent chargés de fers et conduits à Etrek, au marché des esclaves.

Ce nom d'Etrek, qui est commun au fleuve et à une partie du territoire qui l'environne, est pour les malheureux habitants du Mazen Deran et du Tabaristan un nom terrible, un symbole d'effroi et de malédiction. Il faut qu'un Persan soit tout à fait furieux pour se servir contre quelqu'un de cet anathème : *Etrek bioufti!* ce qui veut dire : « Puisses-tu être mené à Etrek! »

Comme les membres de notre caravane s'y étaient donné rendez-vous, je devais avoir nécessairement l'occasion de voir cet affreux séjour. Khandjan m'avait aussi recommandé aux soins de Koulkhan, *le Pir* (barbe grise) des *karaktchi,* qui était venu le voir par hasard. Ce vieux pêcheur avait l'air dur, morose et repoussant.

Il s'avança vers moi d'une façon peu amicale, lorsque je lui fus présenté comme hôte, et, étudiant longuement mes traits, il glissa quelques mots dans l'oreille de Khandjan, et parut vouloir absolument voir en moi autre chose que le personnage pour lequel on m'avait pris jusqu'à présent. Je devinai d'ailleurs bientôt la cause de cette méfiance.

Koulkhan avait dans sa jeunesse voyagé en Russie en compagnie de Khidr Khan, alors au service des Russes. Il était resté assez longtemps à Tiflis, et était assez familier avec nos manières européennes. Il ne connaissait pas les Osmanlis, mais en avait beaucoup entendu parler. Il avait, du reste, vu beaucoup d'autres nations. Or, d'après ce qu'on lui avait dit, les Osmanlis avaient de grandes ressemblances avec les Turcomans, et ce qui le contrariait, c'est qu'il trouvait en moi tout le contraire du type osmanli. Par conséquent, il avait lieu d'être surpris.

Hadji Bilal le mit en garde contre ses informations, déclarant pour son compte avoir vécu plusieurs années à Roum (Constantinople), et n'avoir pas fait les mêmes remarques que lui.

Koulkhan nous annonça qu'il fallait que le surlendemain tout le monde fût prêt à partir pour Etrek; bien qu'il n'y eût que vingt-quatre lieues, nous ne pouvions pas les faire sans être accompagnés par lui. Il n'attendait que Kouloumali, son fils, qui devait revenir d'une expédition entreprise à la frontière persane, et ayant pour but de voler quelques beaux chevaux.

Attendre son fils qui revenait d'une expédition de piraterie, était pour lui ce qu'est pour un père européen le retour d'un fils revenant du champ d'honneur ou de prendre part à n'importe quelle autre entreprise honorable.

Il nous invita à faire vers midi une petite

promenade sur les basses rives de la Geurghen, parce que son fils devait arriver à cette heure-là, et que ce serait un spectacle curieux.

Libre de toute occupation, j'acceptai volontiers l'invitation qu'il nous faisait, et je me mêlai à la foule des gens qui, pleins d'impatience, cherchaient à apercevoir de loin les brigands. Enfin nous vîmes déboucher de l'autre côté du fleuve huit cavaliers turcomans qui conduisaient avec eux dix chevaux non sellés.

Je crus que la foule allait pousser des cris d'enthousiasme; mais pas un son ne sortit des poitrines.

Tout le monde examinait avec des regards d'envie et une admiration muette les heureux brigands, qui, avec les chevaux qu'ils montaient et ceux qu'ils conduisaient, traversèrent en un clin d'œil la Geurghen à la nage, et en sortant de l'eau tendirent la main avec le plus grand sérieux à leurs parents et amis.

Tandis que les anciens examinaient attentivement les chevaux volés, les jeunes bandits rajustaient leurs effets, et avec la main lustraient leur lourd bonnet de fourrure, et essuyaient la sueur de leur front.

Le tableau était très pittoresque. Malgré mon mépris pour de tels brigands, je ne pouvais m'empêcher de regarder avec un étrange plaisir ces jeunes gens aux regards hardis, aux cheveux bouclés qui tombaient jusque sur leur poitrine, vêtus de leurs courts habits d'équitation, et qui étaient l'objet de l'admiration de tous, tandis qu'ils déposaient leurs armes en souriant.

Koulkhan lui-même, le sombre Koulkhan, s'était déridé; il nous fit faire connaissance avec son fils, et, lorsque Hadji Bilal l'eut béni, nous nous séparâmes jusqu'au lendemain matin. Il était convenu que nous devions, en compagnie du père, du fils et des chevaux volés, nous rendre tous ensemble à Etrck.

VI

Je regrette Khandjan. — Belles prairies. — Je tombe sur une famille de sangliers. — Chez Allah Nazr. — Une mère séparée de ses enfants. — Je diminue ma ration ordinaire. — Les esclaves persans. — Un hypocrite. — Le clan Kem. — Ma correspondance. — Je deviens suspect. — Préparatifs pour le passage du désert. — Départ.

Khandjan et tous nos amis nous accompagnèrent le lendemain à midi jusqu'à une certaine distance, quand nous quittâmes Geumuchtepe. C'est une coutume chez les nomades de faire la conduite pendant une lieue aux hôtes aimés. Je priai plusieurs fois Khandjan de ne pas venir si loin, mais ce fut en vain ; il ne voulut pas, disait-il, violer les lois de l'hospitalité musulmane, afin que je ne pusse pas me plaindre de lui plus tard.

J'eus réellement le cœur serré, lorsque, pour la dernière fois, je pressai cet ami dans mes bras, car c'était le plus noble caractère que j'eusse rencontré dans ce pays.

Non seulement il m'avait pendant tout le temps gratuitement hébergé, ainsi que mes compagnons, mais encore il m'avait donné des renseignements sur tout ce que je désirais savoir. Il m'était douloureux de ne pouvoir reconnaître sa bonté, mais encore bien plus de l'avoir trompé sur mon vrai caractère.

Nous nous dirigeâmes vers le nord-est, en nous éloignant de plus en plus de la côte, dans la direction des deux grandes buttes, dont l'une est connue sous le nom de Cœresofi, et l'autre sous celui d'Altni Tolmak.

Outre celles-ci, nous en découvrîmes beaucoup d'autres. Ces petits monticules indiquent des tombeaux turcomans.

A part ces quelques élévations, la contrée est complètement plate. A un quart de lieue de Geumuchtepe, nous traversâmes de magnifiques prairies, dont l'herbe épaisse montait jusqu'à nos genoux; on la laisse se dessécher inutilement, vu que les habitants de Geumuchtepe ne sont pas pasteurs.

Combien de villages pourraient vivre heureux dans cette région si bien arrosée!

Notre petite caravane, composée des chameaux d'Ilias et de six chevaux, marchait en bon ordre.

Koulkhan nous répétait qu'il y a dans cette

contrée certains brigands sur lesquels il n'avait aucun pouvoir, qui n'étaient pas sous son commandement, et qui l'attaqueraient lui-même s'ils se sentaient assez forts.

Ilias voulut m'épargner la fatigue du chameau, et demanda à Koulkhan un des chevaux volés, pour que je pusse le monter jusqu'à Etrek.

Malheureusement pour moi, Emir Mehemmed, le mangeur d'opium afghan de Karatepe, qui s'était joint à notre caravane sans se procurer de monture, devait avoir recours à la mienne aussitôt que nous avions à traverser un bourbier, une flaque d'eau ou quelque endroit humide. Il se cramponnait alors tellement fort à mes habits, que j'avais toujours peur d'être arraché de mon cheval et jeté par terre.

Je courus un danger sérieux dans cette course à cheval : ce fut dans un moment où nous traversions un marais où pataugeait une troupe de sangliers.

Koulkhan et Ilias chevauchaient devant nous afin de découvrir un détour qui permît d'éviter ces animaux, qui étaient au nombre d'une centaine et faisaient grand tapage. Tandis que nous avancions l'oreille au guet, mon cheval eut peur; il fit un grand saut de côté, et avant que j'eusse eu le temps de voir ce dont il s'agissait, mon compagnon et moi étions étendus par terre.

Le sanglier se retourna contre nous en montrant
ses dents menaçantes.

Aux rires de ceux de nos compagnons qui n'étaient éloignés que de quelques pas se mêlait une plainte singulière.

Je me retournai, et je vis que j'étais tombé sur deux sangliers en bas âge.

C'était leur mère qui avait effrayé notre cheval, et qui maintenant, entendant les cris de ses petits, se retournait vers nous en montrant ses dents menaçantes, et se serait certainement précipitée sur nous, si Chirdjan, le cousin d'Ilias, ne lui eût barré le passage avec sa lance.

Est-ce grâce au courage du Turcoman, ou parce que les petits marcassins s'étaient dégagés de dessous nous, que nous fûmes épargnés? Toujours est-il que, furieuse, la mère prit une autre direction, et s'éloigna de nous en toute hâte.

Dans l'intervalle, le fils de Koulkhan avait rattrapé notre cheval échappé; il me le rendit en me disant que nous avions joué de bonheur, car un musulman tué par un animal impur, comme l'est le sanglier, est condamné à cent années de purgatoire dans l'autre monde.

Après avoir marché environ quatre heures dans la direction ci-dessus indiquée, à travers marais et prés, je remarquai que nous étions sur le plateau qui s'étend au nord de Geumuchtepe.

A partir de cet endroit, non seulement les hauteurs, mais la chaîne de montagnes qui forme la frontière de Perse commencent graduellement à disparaître.

On ne voyait dans le lointain que quelques groupes de tentes, autour desquelles paissaient des chameaux; et, bien que la verdure égayât partout les yeux, je trouvai pourtant ce district beaucoup moins peuplé que la partie est. La raison en est que la Geurghen n'y passe pas, et que les gens doivent s'y contenter de l'eau de puits jusqu'au moment où les moutons sont menés au pâturage.

Aussi n'y rencontre-t-on de tentes qu'aux mois de mai et de juin.

Ce fut dans un de ces groupes de tentes appartenant à la tribu de Koulkhan que nous passâmes la nuit, Etrek étant encore éloigné de douze heures.

On était déjà prévenu de notre arrivée. Mes compagnons les hadjis devinèrent bientôt, à la fumée s'élevant dans l'air, qu'un bon souper se préparait.

Quoique Geumuchtepe ne soit éloigné que de dix lieues, il nous avait fallu près de huit heures pour faire ce trajet, et cette première étape avait mis bêtes et hommes à bout de force.

A dix pas environ des tentes, le jeune Tadschibay, neveu de Koulkhan, vint au-devant de nous pour nous souhaiter la bienvenue.

Tandis qu'Ilias et l'Afghan étaient les hôtes de Koulkhan, moi et les hadjis nous établissions notre quartier dans l'étroite tente d'Allah Nazr.

Ce vieux Turcoman, tout à fait indigent, était radieux de ce que le ciel lui avait envoyé des hôtes; et je n'oublierai jamais combien je fus profondément touché en le voyant, malgré nos protestations, sacrifier pour nous bien traiter la seule chèvre qu'il possédât.

Au second repas que nous prîmes sous sa tente, il put se procurer du pain, chose qu'il ne connaissait pas depuis plusieurs semaines.

Lorsque nous nous jetâmes affamés sur les mets qu'il nous servait, il se mit en face de nous avec sa vieille femme, et on peut dire en toute vérité qu'il pleura des larmes de joie.

Allah Nazr ne voulut rien garder de la chèvre sacrifiée. Les cornes furent réduites en poudre, et il donna cette poudre à Ilias pour panser les blessures des chameaux, blessures produites par le frottement de la selle. De la peau, dépecée en un seul morceau, il me fit un étui pour mes armes; il me le remit après l'avoir frotté avec du sel et fait sécher au soleil.

L'arrivée d'un des cinq Persans qui avaient

été pris par traîtrise nous retint encore un jour. Il avait la réputation de pouvoir mieux qu'un autre échapper à l'esclavage, car on supposait que sa famille avait les moyens de le racheter. Dans le cas où cela ne serait pas ainsi, ou s'il n'avait pas le moindre argent, il serait alors envoyé à Khiva.

Les Turcomans préfèrent toujours la première supposition, parce qu'alors ils peuvent exiger une somme quelconque; car, dans le malheur même, le Persan reste rusé, cherchant à cacher sa position pécuniaire. Les maîtres comptent sur ses plaintes et ses jérémiades pour obtenir de sa famille une rançon aussi élevée que possible. La seconde supposition est fâcheuse pour tous deux, maître et prisonnier. Le bandit, après beaucoup de dépenses, ne reçoit alors que le prix ordinaire de la vente des esclaves, et le malheureux Persan est envoyé à des centaines de lieues de sa patrie, qu'il ne revoit que rarement.

Comme nous l'avons dit, Koulkhan avait une grande expérience dans ce genre d'affaires. La nouvelle victime arriva vers le soir.

Le lendemain, je fis connaissance avec le panier d'osier (kedjeve) qui devait me servir d'équipage. Quelques sacs de farine me tenaient en équilibre, car Hadji Bilal voulut cette fois se priver du plaisir de voyager à dos de chameau.

Nous marchions vers le nord.

A peine eûmes-nous fait deux heures de chemin, que toute verdure disparut, et que nous nous trouvâmes pour la première fois dans le désert, chevauchant sur un sol imprégné de sel, qui exhalait une odeur forte. Plus nous approchions de la Vallée noire, plus le sol devenait mou, et au pied de la colline on piétinait réellement dans un marécage. La marche dans cette boue gluante était horriblement difficile, les chameaux glissaient à chaque pas, et manquaient de renverser leurs cavaliers.

Je préférai mettre pied à terre; au bout d'une heure et demie, j'arrivai couvert de boue à Cara Senger, d'où nous atteignîmes bientôt le campement de Koulkhan.

Je fus fort surpris, en arrivant, d'être conduit immédiatement par Koulkhan dans sa tente; il me recommanda expressément de ne pas en sortir sans son ordre. Je commençai à avoir de sombres pressentiments en l'entendant gronder furieusement ses femmes parce qu'elles avaient caché les chaînes. Il leur commanda de les rapporter tout de suite; il entra même plusieurs fois dans la tente, en jetant des regards sombres autour de lui, et sans m'adresser la parole. Mes craintes augmentèrent bientôt. Ce que je ne m'expliquais pas surtout, c'était l'absence d'Hadji Bilal, qui d'ordinaire ne me laissait seul que très rarement.

Au plus fort de mon anxiété, j'entendis un bruit de chaînes qui se rapprochait toujours davantage, et bientôt je vis entrer dans la tente un prisonnier persan, traînant de lourdes chaînes qui lui blessaient les pieds.

Koulkhan le suivait. Il fit promptement préparer du thé ; et, lorsque nous l'eûmes pris, il me dit de le suivre dans une autre tente dressée pendant ce temps-là. C'était une surprise qu'il me ménageait, et j'eus alors l'explication de mes anxiétés. Cet homme, malgré sa gracieuse façon d'agir, ne m'était cependant pas sympathique ; et, pour montrer la différence existant entre lui et Khandjan, il me suffira de dire que, pendant les dix jours que je fus son hôte, je ne pris avec plaisir que cette seule tasse de thé.

Plus tard je fus renseigné sur ses projets de trahison, qu'il eût évidemment exécutés si Kizil Achond, qu'il redoutait beaucoup, ne lui eût recommandé de me traiter avec la plus grande considération.

La tente que j'habitais avec dix autres compagnons de voyage n'appartenait pas à Koulkhan, mais à un autre Turcoman, qui se joignit à nous pour aller à Khiva avec sa femme, autrefois esclave dans la tribu de Karakalpak, afin que cette femme, qui avait été enlevée dans une expédition nocturne et amenée ici, pût se renseigner sur le sort de son ex-mari, qu'elle avait laissé grièvement blessé.

Elle voulait savoir s'il vivait encore, si ses enfants avaient été achetés, et où ils étaient actuellement. Elle désirait surtout être renseignée sur ce qu'était devenue une de ses filles, âgée de douze ans, dont elle décrivait la beauté, les larmes aux yeux.

La pauvre femme, par sa fidélité et son travail exemplaire, avait si bien gagné l'attachement de son nouveau mari, qu'il avait consenti à l'accompagner dans son triste voyage.

Parmi nos nouveaux compagnons, il y avait un derviche nommé Hadji Siddik. C'était un hypocrite fieffé, qui pendant le voyage n'était que conducteur de chameaux.

Ses haillons sordides cachaient une richesse relative; nous apprîmes, en arrivant à Bokhara, qu'il avait soixante ducats d'argent monnayé cousus dans ses loques.

Tous ces gens demeuraient ensemble dans la même tente, en attendant que le kervanbachi du khan arrivât, afin que nous pussions entreprendre tous ensemble la traversée du désert.

Ce temps d'arrêt nous était pénible à tous. Ce qui me rendait surtout soucieux, c'est que ma farine commençait à diminuer. Je réduisis de deux poignées ma portion quotidienne; je fis cuire sous la cendre mon pain sans levain, parce que le pain fait ainsi est plus lourd à l'estomac, se digère moins vite, et empêche par conséquent la faim de revenir aussi promptement.

Par bonheur, il nous fut aussi permis d'aller mendier, et nous n'eûmes pas occasion de nous plaindre de l'avarice des habitants d'Etrek, bien qu'ils aient la réputation d'être de terribles bandits.

Nous ne pouvions pas passer devant une seule tente sans voir sur le seuil des prisonniers persans chargés de lourdes chaînes.

C'est à Etrek que je vis dans la tente d'un Turcoman aisé, du nom de Kotchak Khan, un Russe prisonnier. Nous entrâmes chez ce chef pour faire notre sieste de midi; et à peine lui eus-je été présenté comme *Roumi* (Osmanli), qu'il dit : « Je veux te procurer un plaisir; nous connaissons ta haine pour les Russes; tu vas voir un de tes ennemis mortels dans les fers. »

Je fus obligé de feindre une grande joie.

Le pauvre Russe fut amené traînant ses lourdes chaînes; il avait l'air très malade et très triste ; cela me fendait le cœur, je craignais même de me trahir, et de laisser deviner mon impression de pitié et d'horreur.

« Que ferais-tu de cet effendi, dit Kotchak Khan, si tu le rencontrais en Russie? Allons, ici, viens lui baiser les pieds. »

Le pauvre Russe voulut se rapprocher de moi, je le lui défendis, en faisant observer qu'aujourd'hui j'avais fait mon *gouls* (grande ablution), et que je ne voulais pas me salir par le contact d'un hérétique.

J'ajoutai que ce qui me serait le plus agréable ce serait qu'on l'éloignât de ma vue, car tous les gens de cette nation m'inspiraient la plus grande répulsion.

On lui fit signe de sortir, il me jeta un regard haineux et s'éloigna.

J'appris plus tard que c'était un matelot de la marine militaire russe, qui, il y avait quelques années, était tombé au pouvoir des Karaktchis dans une embuscade nocturne. Il avait eu un compagnon d'infortune, qui était mort esclave un an auparavant.

Le gouvernement russe avait voulu les racheter; mais les Turcomans exigeaient une rançon exorbitante (cinq cents ducats pour chacun d'eux). Comme, pendant ces négociations, Tcherkes Bay, le frère de Kotchak

Khan, avait été envoyé en Sibérie par les Russes et y était mort, la délivrance des malheureux chrétiens était encore plus difficile à obtenir.

On comprend quelle impression font sur le voyageur ces nomades offrant, d'un côté une large hospitalité, et de l'autre se livrant aux actes de la plus sauvage barbarie.

Parfois, lorsque je revenais rassasié, heureux, comblé de bienfaits, il m'arrivait de rencontrer sur mon chemin l'esclave persan de Koulkhan, qui demandait en gémissant quelques gouttes d'eau, qu'on lui avait refusées, quoiqu'il eût travaillé toute la journée dans les champs de melons, et que, ainsi qu'il me le raconta, on ne lui eût donné à manger que des poissons desséchés et salés.

Par bonheur, j'étais seul un jour dans la tente, lorsque la vue de cet homme à grande barbe, et tout en larmes, me fit oublier le danger; je lui présentai ma gourde, tout en gardant la porte pour ne pas être surpris, et je pus ainsi apaiser sa soif.

Il s'éloigna au plus vite en me remerciant avec la plus vive effusion. Ce malheureux était martyrisé par tout le monde, mais surtout par la seconde femme de Koulkhan, une esclave persane. Elle n'agissait ainsi que pour montrer son zèle pour la secte des Turcomans.

Déjà, à Geumuchtepe, j'avais été profondément révolté de ces scènes cruelles, et pourtant cette ville était, en comparaison d'Etrek, la dernière étape de la civilisation et de l'humanité.

Il me tardait de vivre perdu dans le grand désert.

On attendait toujours la nouvelle de l'arrivée du kervanbachi.

Enfin, un soir, un habitant d'Etrek nous apporta la réjouissante nouvelle que les Tecks, dont les caravanes craignent surtout l'hostilité sur la plus grande partie du parcours d'Etrek à Khiva, avaient envoyé un message aux Yomuts pour leur proposer de faire la paix et de réunir leurs forces communes pour attaquer les Persans.

Cette circonstance fut très heureuse pour nous. On m'expliqua que trois routes menaient de Geumuchtepe à Khiva : les caravanes choisissent l'une ou l'autre, selon le nombre des personnes qui les composent.

La première de ces routes passe derrière le Grand-Balkan et suit les côtes de la mer Caspienne. On se dirige au nord jusqu'à la dernière montagne des Balkans, et cela pendant deux jours; puis on se dirige à l'est, ce qui prend six jours. Cette route n'est praticable que pour un nombre restreint de voyageurs, car il y a peu d'eau ; mais on risque beaucoup moins d'être attaqué, à moins qu'il n'y ait quelque révolte de Cosaques Kirghiz ou de Karakalpak.

La seconde route est entre les deux autres, et ne va dans la direction nord que jusqu'à l'ancien lit de l'Oxus, entre le grand et le petit Balkan ; puis elle se dirige au nord-est, vers Khiva.

La troisième route est la plus courte et la plus directe. Tandis qu'il faut vingt-quatre jours pour franchir la première, vingt pour la seconde, il n'en faut que quatorze pour la dernière. En partant d'Etrek, on se dirige droit au nord-est ; on traverse les tribus des Turcomans Geuklen et Tecks, et on trouve à chaque halte des oasis et de l'eau potable. Naturellement les caravanes doivent être bien avec ces tribus, ou compter deux à trois mille hommes, sans quoi ce chemin est impraticable.

On peut se figurer combien fut grande ma joie lorsqu'un soir un messager d'Ata Bay apporta la nouvelle que le kervanbachi allait quitter son campement le lendemain matin, et se rencontrerait avec nous le surlendemain à midi, sur l'autre rive de l'Etrek, d'où, une fois réunis, nous devions entreprendre notre long et périlleux voyage à travers les grands déserts.

Dès que nous apprîmes cette nouvelle, le soir même nous préparâmes notre pain, nous salâmes de nouveau de grands morceaux de viande de chameau que les nomades nous avaient donnés en échange de nos bénédictions, et nul ne fut plus heureux que moi lorsque, le lendemain, je m'assis aux côtés d'Hadji Bilal dans le cacolet, que chaque pas onduleux du chameau faisait crier.

Nous nous éloignâmes lentement d'Etrek.

Koulkhan voulut absolument nous accompagner. Les vingt personnes armées de fusils à mèche qui se trouvaient avec nous n'assuraient, nous dit-il, pas assez notre sécurité; nous pouvions être attaqués par des bandits en nombre supérieur, et, dans ce cas, sa présence était nécessaire à notre salut, la juridiction religieuse de Koulkhan s'étendant sur la plupart des brigands d'Etrek.

Nous allions tantôt au nord, tantôt au sud, à cause des ruisseaux et des rivières qui avaient débordé partout. Nous rencontrâmes un village de cent cinquante tentes de la tribu turcomane Kem. On me dit que cette tribu était originairement rattachée aux Yomuts-Turcomans, mais qu'elle s'en était séparée depuis des siècles et campait sur les confins les plus reculés du désert. La passion invétérée de ces Turcomans pour la rapine et le vol les fait craindre et détester de tous leurs voisins. Sans cesse on les pourchasse ; c'est pourquoi leur nombre n'augmente pas.

Avant d'arriver parmi eux, nous rencontrâmes quelques traînards de notre caravane, qui nous attendaient n'osant passer seuls.

Si Koulkhan n'eût pas pris la tête de notre colonne, il est probable que les Kem nous auraient aussi attaqués.

Nous traversâmes un bras étroit de l'Etrek, au delà duquel s'étendait une immense prairie de fenouil. Les bords de la rivière étaient excessivement glissants, et le passage dangereux. Alourdis par leur charge, plusieurs chameaux tombèrent à l'eau ; heureusement elle n'était pas profonde. Nous eûmes beaucoup de peine à gravir le Delilibouroum, colline qui se trouvait de l'autre côté du fleuve. Depuis le matin jusqu'à deux heures de l'après-midi nous n'avions fait que huit lieues. On décida cependant qu'on ferait halte. Ce n'était que le lendemain à midi que le kervanbachi devait venir nous rejoindre. La colline au haut de laquelle nous nous trouvions forme une espèce de promontoire en avant de la longue chaîne de petites montagnes qui s'étendent au sud-est. La vue qu'on a de ce point est très étendue et offre un coup d'œil charmant.

A l'ouest, la mer Caspienne ressemble à un nuage blanc rayé de bleu ; on voit la chaîne des montagnes persanes dessinant à l'horizon comme un petit liseré noir ; mais le spectacle le plus beau et le plus intéressant est celui de la plaine toute verte s'étendant au sud à perte de vue, mouchetée de tentes qui ont la forme de taupinières. Çà et là l'Etrek, sorti de son lit, ressemblait à un petit lac.

Cette nuit-là nous fîmes bonne garde, et chacun prit son poste d'observation : le voisinage des Kem était peu rassurant. Avant de m'enfoncer dans le grand désert, comme nous étions à notre dernière halte, j'employai une partie de l'après-midi, tandis que mes compagnons dormaient, à écrire quelques lettres. Outre les petits papiers destinés à mes notes, que j'avais cachés dans la doublure de mon costume bokhariote, j'avais encore dans le *kason,* que je portais suspendu à mon cou dans un sachet, deux feuilles de papier blanc, sur lesquelles j'écrivis à Heydar Effendi, à Téhéran, et à Khandjan.

Jusqu'alors nous n'avions franchi que deux bras de l'Etrek; le lendemain matin, nous n'eûmes que quatre heures de chemin pour arriver au bord du bras principal.

Nous dûmes chercher longtemps avant de trouver le gué le moins profond. Ces recherches n'étaient, du reste, pas si faciles, car, quoique l'Etrek n'eut habituellement qu'une largeur de douze à quinze mètres, il était maintenant deux fois plus large à cause de ses rivages inondés. Marcher sur ces terrains glaiseux et mous était un véritable supplice pour les chameaux.

Nos Turcomans étaient parfaitement excusables de s'être fait attendre.

Le courant n'était heureusement pas trop rapide; cependant l'eau montait jusqu'au ventre des chameaux, et leur marche hésitante faisait osciller nos paniers et les plongeait dans les eaux fangeuses de l'Etrek.

Il n'aurait fallu qu'un faux pas pour que je fusse précipité dans la bourbe. J'aurais dû alors, non sans danger, atteindre l'autre rive en essayant de nager. Heureusement la traversée se fit en bon ordre.

A peine eûmes-nous fait halte, que la longue caravane du kervanbachi, attendue avec tant d'impatience, se dessina à l'horizon.

A la tête de cette caravane il y avait trois buffles (deux femelles et un mâle), que le royal malade de Khiva attendait pour rétablir sa santé avec non moins d'impatience que nous avions attendu nous-mêmes la caravane pour partir.

Le lecteur se rappellera qu'à Geumuchtepe je fus obligé de me séparer de Hadji Bilal, Hadji Iusuf et de quelques autres pèlerins, qui n'avaient pas pu se procurer aussi facilement que nous des chameaux de louage. Comme nous n'avions reçu aucune nouvelle d'eux à Etrek, nous craignions déjà que ces pauvres gens n'eussent pu avoir l'occasion de nous suivre; notre joie fut grande lorsque nous les vîmes arriver en bonne santé avec la caravane attendue.

Nous nous embrassâmes comme des frères qui se retrouvent après une longue séparation. Je me sentis surtout ému lorsque je vis près de moi Hadji Salih et Sultan Mahmoud, ainsi que tous mes autres compagnons; car, quoique je considérasse Hadji Bilal comme mon meilleur ami, je dois convenir que je leur étais à tous également dévoué.

L'eau bourbeuse de l'Etrek étant la dernière eau douce que nous devions trouver pendant nos vingt jours de voyage, jusqu'à ce que nous pussions nous désaltérer sur les bords de l'Oxus, je conseillai donc à mes compagnons de nous rassasier de thé une dernière fois.

Nous prîmes, dans ce but, le plus grand vase à thé que nous possédions; j'offris de mon pain fraîchement cuit.

Longtemps nous nous sommes rappelé cette fête en l'honneur de notre heureuse réunion.

Sur ces entrefaites, le kervanbachi, notre conducteur et notre protecteur dans le désert, vint se joindre à nous. Comme je désirais beaucoup lui plaire, j'allai tout de suite vers lui, accompagné d'Hadji Salih et d'Hadji Mesud.

Mais qu'on juge de mon étonnement et de mon inquiétude, lorsqu'Aman Durdi (c'était le nom de ce Turcoman gros et jovial) reçut mes amis avec effusion et me regarda avec une grande froideur. Plus Hadji Salih se donnait de peine pour amener la conversation sur moi, plus il se montrait indifférent, se contentant de dire :

« Je connais déjà cet hadji. »

Je fis tous mes efforts pour dissimuler mon embarras, et je voulais m'en aller, quand Illias, qui était là aussi, jeta un coup d'œil de colère sur Emir Mehemmed (le mangeur d'opium), qui semblait en ce moment sous l'influence du funeste poison. Il me le signala comme la cause de cet accueil.

Nous nous éloignâmes; à peine cette scène fut-elle rapportée à Hadji Bilal, qu'il éclata de colère, et s'écria :

« C'est ce fou, ce misérable ivrogne afghan qui a renouvelé ici ces méchants propos! A Etrek, il disait que notre Hadji Reschid, qui pourrait être son maître dans la langue arabe et le Coran, n'était qu'un Frengi déguisé. »

Hadji Bilal prononça trois fois l'invocation signifiant : « Dieu, pardonnez nos péchés! J'ai eu beau, continua-t-il, l'assurer que Reschid nous avait été recommandé par l'ambassadeur de notre grand sultan, qu'il avait sur lui un passeport avec le sceau du calife, cet ivrogne ne voulut pas me croire et persévéra dans sa calomnie. Je vois bien qu'il a aussi tourné la tête au kervanbachi; mais il le regrettera quand nous serons arrivés à Khiva, car il y a là des cadis et des ulémas. Nous lui montrerons ce qu'il en coûte de faire passer un dévot musulman pour un hérétique. »

J'eus bientôt l'explication de ces soupçons. Emir Mehemmed était originaire de Kandahar. Après l'occupation anglaise, il avait commis un crime qui l'avait forcé à s'expatrier; mais, comme il avait eu souvent occasion de rencontrer des Européens à Kandahar, il avait deviné mon origine à mes traits.

Il me prenait pour un agent secret, qui voyageait avec de grands trésors cachés. Il espérait pouvoir tirer parti de sa découverte en temps opportun, et se faire donner de l'argent autant qu'il en voudrait, étant toujours maître d'user d'une arme terrible, la dénonciation.

Il cherchait à me décider à abandonner ces mendiants et à m'associer avec lui. Je lui faisais observer que les derviches et les marchands étaient peu faits les uns pour les autres, et qu'il ne pouvait pas être question de véritable amitié entre nous, s'il ne se débarrassait pas de son vice de mangeur d'opium, et s'il ne se purifiait par de saintes ablutions et des prières. Mes admonestations le rendaient furieux.

Heureusement son impiété le faisait haïr des pieux hadjis.

Environ deux heures après, le kervanbachi, dont l'autorité s'étendait sur la caravane entière, nous dit qu'il fallait remplir nos outres d'eau, car nous ne pourrions rencontrer de nouvelles sources que trois jours après.

Muni de ma peau de bouc, je me dirigeai vers la rivière avec mes compagnons.

N'ayant pas éprouvé jusqu'alors les tourments de la soif, je ne pris pas soin de bien remplir mon outre. Mes compagnons blâmèrent ma négligence, en me faisant observer que, dans le désert, chaque goutte d'eau est une goutte de vie, et que l'outre, cette source de l'existence, devait être aussi sacrée pour le pèlerin que la prunelle de ses yeux.

Dès que les préparatifs nécessaires furent achevés et que les chameaux furent chargés, le kervanbachi fit compter hommes et bêtes. Il se trouva que notre caravane se composait de quarante voyageurs et de quatre-vingts chameaux.

Parmi les pèlerins, on comptait vingt-six hadjis sans armes, un Uzbeg et un Afghan; les autres étaient des Yomuts-Turcomans assez bien armés.

Quand nous fûmes tous sur nos chameaux, nous prîmes congé des Turcomans qui nous avaient accompagnés jusqu'à la limite du désert.

La prière des adieux fut récitée, d'un côté par Hadji Bilal, de l'autre par Koulkhan. Mon cœur trembla, en recevant cette bénédiction du dernier adieu, bénédiction qui devait nous protéger dans notre dangereux voyage.

Après le dernier *Amen,* suivi de ce geste qui consiste à prendre sa barbe dans sa main, dont nous avons si souvent parlé, les deux détachements s'éloignèrent par des chemins opposés.

Lorsque nos amis eurent repassé l'Etrek, et que nous les eûmes perdus de vue, ils tirèrent quelques coups de fusil en guise de dernier adieu.

Nous nous dirigeâmes vers le nord, du côté de Khiva.

VII

Le Bogdayla et le Kisil-Takir.— J'éveille la méfiance. — Je ruse pour prendre des notes. — Oraison funèbre. — Histoires de guerre. — Perdus ! — Les chameaux. — La Ceurentaghi et ses vallées. — Comment se font les affaires. — Les Balkans du Turkestan. — Gouffre invisible. — Aspect du désert. — Impression qu'il produit sur moi. — Abandonnés dans le désert.— De l'eau ! de l'eau ! — Tombeaux. — Espérance déçue.

Notre caravane, qui n'avait pas même pour se guider les traces des chameaux, se dirigeait vers le nord, le jour au moyen du soleil, et la nuit au moyen de l'étoile polaire, que les Turcomans appellent, à cause de son immobilité, *Temis Kasik,* c'est-à-dire le Piquet de fer.

Attachés les uns aux autres, les chameaux étaient conduits par un piéton. Bien qu'il n'y ait pas de place d'honneur dans une caravane, c'est cependant un privilège que d'être placé près du kervanbachi.

On appelle *Bogdayla* les vastes districts compris entre l'Etrek et le désert.

Après le coucher du soleil, nous marchâmes encore deux heures sur un sol sablonneux, mou et formant des monticules légèrement ondulés.

Peu à peu le sable disparut, et vers minuit nous foulions un terrain uni composé de terre glaise; si ferme, que le pas régulier des chameaux résonnait en mesure dans la nuit. Les Turcomans nomment ces sortes d'endroits des *takirs;* et comme la terre sur laquelle nous marchions avait une nuance rougeâtre, il portait le nom de Kisil-Takir.

On chemina sans interruption jusqu'à la pointe du jour; cependant à peine avions-nous fait douze lieues. En commençant on ne voulait pas fatiguer les chameaux, et principalement les buffles.

Nous fîmes halte jusqu'à huit heures du matin, le 14 mai; et, tandis que les chameaux fourrageaient des chardons et d'autres plantes du désert, nous eûmes le temps de déjeuner. Ce jour-là le repas fut luxueux, car nos outres venaient à peine d'être remplies d'eau douce. Nous pouvions boire assez pour faire descendre dans l'estomac notre pain lourd.

Comme nous étions campés les uns et les autres, je remarquai que le kervanbachi s'entretenait avec Ilias et mes autres compagnons, en me regardant d'un drôle d'air.

Je devinai sans peine le sujet de leur conversation, mais je feignis de ne pas prendre garde à ce qu'ils disaient.

Après avoir tourné quelques feuillets de mon Coran, je me levai tout à coup et je fis mine d'aller vers eux.

Lorsque je me fus approché de quelques pas, le brave Ilias et Hadji Salih vinrent au-devant de moi, me prirent à part et me dirent que le kervanbachi faisait des difficultés pour m'emmener jusqu'à Khiva, mon extérieur plus ou moins suspect, disait-il, l'ayant mis sur ses gardes. Il craignait surtout la colère du khan, car, quelques années auparavant, il avait amené à Khiva un envoyé frengi (européen), qui, pendant le voyage, avait pris le tracé exact de tout le chemin, et dans son art diabolique n'avait oublié aucune source ni aucune colline. Le khan avait été furieux : il avait fait exécuter deux de ceux qui avaient aidé l'étranger dans son œuvre, et le kervanbachi lui-même n'avait pu sauver sa vie qu'à l'aide de protections puissantes.

« Après lui avoir exposé que nous ne pouvions pas t'abandonner dans le désert, continuèrent mes amis, nous avons fini par obtenir de lui qu'il t'emmènerait, à condition que tu te laisseras complètement fouiller pour que l'on soit sûr que tu n'as sur toi ni dessin, ni plumes de bois (crayons), comme les Frengis ; en second lieu, tu promettras de ne prendre aucune note secrète sur les chemins et sur les montagnes ; autrement tu seras abandonné à ton sort, fût-ce même au milieu du désert. »

J'écoutai tout cela avec patience ; mais, lorsqu'ils eurent fini, je me tournai d'un air indigné vers Hadji Salih, et lui dis assez haut pour que le kervanbachi pût m'entendre :

« Hadji, tu m'as vu à Téhéran, tu sais qui je suis. Dis à Aman Durdi (ainsi s'appelait le conducteur de notre caravane) qu'il ne convient pas du tout à un honnête homme comme lui de croire à la parole d'un ivrogne comme cet Afghan. Il ne faut pas plaisanter avec la religion ; il ne pourra bientôt plus porter contre moi des accusations aussi infâmes, car, à Khiva, il saura à qui il a affaire. »

Ces derniers mots furent articulés assez haut pour qu'ils fussent entendus par toute la caravane. Mes compagnons, surtout les plus pauvres, qui étaient les plus zélés, auraient sauté volontiers sur Emir Mehemmed, l'Afghan calomniateur, si je ne les eusse retenus.

Le kervanbachi fut très frappé de ma sortie, et maintenant il ne répondait plus que par la formule : *Koudaïm bilir!* ce qui signifie : Dieu seul le sait! aux observations qui lui étaient faites de tous les côtés. Au fond, c'était un homme juste et bienveillant, mais un Oriental qui, moins par malice que par amour du merveilleux, ne voulait voir en moi qu'un étranger déguisé. En même temps il me demandait des renseignements au point de vue religieux ; il était heureux de me consulter sur tel ou tel verset du Coran. Il avait entendu dire à Geumuchtepe que j'étais très versé dans la connaissance des livres sacrés.

L'heureuse inspiration que j'avais eue avait encore pour cette fois conjuré le danger; mais je vis cependant avec le plus grand regret que la méfiance subsistait toujours, et qu'en route j'aurais mille peines à prendre la moindre note. Ce qui était pour moi un véritable chagrin, c'était de ne pas oser demander le nom d'une seule halte ou de telle ou telle curiosité que nous rencontrions.

Dans le désert, les nomades donnent un nom distinct à chaque oasis, grande ou petite, à chaque endroit qui les a frappés, que ce soit une petite colline ou la plus insignifiante des vallées; de sorte que, si j'avais pris des renseignements, j'aurais pu indiquer avec sa dénomination, sur la carte de l'Asie centrale, le plus petit point.

Après huit heures de repos, nous nous remîmes en route. Au bout de deux heures de marche sans interruption, notre pas se ralentit. Quelques Turcomans mirent pied à terre, et commencèrent à tourner autour de toutes les collines, même les plus petites. J'appris plus tard qu'un de nos compagnons de voyage, Eid Mehemmed, voulait découvrir le tombeau de son frère tué un an auparavant dans une embuscade. Il avait apporté avec lui un cercueil pour transporter ses restes à Khiva.

Vers deux heures de l'après-midi, l'endroit de la sépulture fut découvert. On s'arrêta et l'on se prépara à ouvrir le tombeau.

Après avoir récité les prières d'usage et les versets du Coran, devoir religieux auquel je dus prendre part, lorsqu'on eut mis dans le cercueil le corps bien enveloppé de feutre, un des témoins du fait d'arme qui avait coûté la vie à ce malheureux raconta le combat. Il voulait par là honorer la mémoire du défunt, ce qu'il fit très bien, car la manière dont il s'était comporté méritait les plus grands éloges.

« Nous comptions dans notre caravane, dit le narrateur, plusieurs Persans qui se rendaient de Khiva à Astrabad. Parmi eux se trouvait un très riche négociant du nom de Mollah Kasim. Il habitait Astrabad et faisait depuis de longues années des affaires d'exportation avec Khiva; il avait été l'hôte du mort, c'est sous sa protection qu'il faisait le voyage. Le destin voulut que l'année dernière justement il se rendît dans sa patrie avec une plus grosse somme d'argent que d'habitude. Quoiqu'il fût vêtu en Turcoman et parlât très bien notre langue, il fut découvert par les Haramzadeh d'Etrek, qui vinrent au-devant de notre caravane et l'attaquèrent. Bien qu'ils fussent plus nombreux que nous, nous soutînmes le combat pendant huit heures; et lorsque nous leur eûmes tué deux hommes, ils nous crièrent que si nous voulions leur livrer le gros chien persan (c'était Mollah Kasim qu'ils désignaient ainsi), ils cesseraient le combat, car ils ne nous en voulaient pas à nous-mêmes.

« Pas un d'entre nous n'accepta un pareil marché, et encore moins notre cher défunt. Le Persan suppliait que l'on cessât de se battre, car il tremblait en entendant siffler les balles autour de nous : il préférait l'esclavage à la mort; mais le combat n'en continua pas moins. Peu après, continua le narrateur en montrant le cercueil, notre ami fut atteint d'une balle; il tomba de cheval en prononçant quelques paroles pour confier son hôte, le Persan, qui pleurait de frayeur comme un enfant, à son frère Eid Mehemmed. Ce fut sous le commandement de celui-ci que nous continuâmes le combat jusqu'au lendemain matin. Alors l'ennemi se retira en emportant ses morts et ses blessés. Lorsque nous eûmes enterré le héros de cette triste aventure, nous continuâmes notre route, et trois jours après le Persan arrivait sain et sauf à Astrabad. »

Quel contraste entre cet exemple d'hospitalité turcomane et le récit suivant, qui montre le caractère instinctif du Turcoman sous sa forme la plus bizarre !

Pendant son séjour chez les Turcomans, un de mes compagnons allait mendier, vêtu de ses haillons les plus sales. Après avoir erré tout le jour, le soir il regagnait une tente isolée, où il passait la nuit. En y arrivant, il était généralement bien accueilli. Mais un jour il remarqua que le maître de la pauvre habitation semblait dans une grande inquiétude; ses regards inquiets erraient de tous côtés dans la tente, et paraissaient chercher quelque chose. Le mendiant commença à se sentir mal à l'aise lorsque le Turcoman le pria de vouloir bien lui prêter quelque argent afin qu'il pût se procurer le repas du soir, car il n'avait que des poissons salés, et il désirait honorer son hôte par des mets plus choisis. Il n'y avait pas moyen de refuser. Mon compagnon prit dans ses guenilles sa bourse qui y était cachée, et lorsqu'il eut donné cinq francs à son hôte, tout sembla être rentré dans l'ordre. On prit le repas en causant le plus amicalement du monde, on donna pour sa couche à l'étranger le meilleur tapis de feutre, et le lendemain matin on le reconduisit avec toute espèce d'honneurs.

« J'étais à peine à une demi-lieue de la tente, me raconta mon ami, qu'un Turcoman accourut vers moi et me demanda ma bourse avec les plus grandes menaces. Ma surprise fut grande lorsque je reconnus dans le bandit mon hôte de la vallée. Je croyais qu'il plaisantait, et je lui répondis en riant; mais il devenait de plus en plus pressant, et, pour éviter des conséquences fâcheuses, il ne me resta plus qu'à lui donner mon argent, mon thé, mon peigne, mon couteau, enfin tout ce que je possédais.

« J'allais m'éloigner, lorsqu'il ouvrit ma bourse, et me rendit cinq francs en me disant :

« — Prends! je ne veux rien te devoir; tu m'as prêté hier cinq francs, nous sommes quittes, tu peux t'en aller. »

A l'endroit où se trouvait le tombeau, Eid Mehemmed fit cuire du pain, qu'il nous distribua comme complément de la cérémonie funèbre.

Nous nous dirigeâmes de nouveau vers le nord, à travers une grande plaine stérile. Il fut convenu que, pour rattraper le temps perdu, nous marcherions toute la nuit sans interruption. Le ciel était splendide, et, tapi dans mon panier, je pris plaisir à regarder les belles étoiles, dont l'éclat doré est encore plus brillant dans le désert.

A la fin je cédai au sommeil, et je dormais depuis une heure environ, lorsque je fus réveillé en entendant crier de tous côtés :

« Hadji, regarde ton *riblenouma* (boussole), on dirait que nous nous sommes trompés de route, » me criait-on. Je me réveillai tout à fait, et je vis qu'au lieu d'être dans la direction du nord, nous marchions vers l'est.

Le kervanbachi, craignant que nous fussions à proximité d'un marais dangereux, décida que nous attendrions le jour pour continuer notre voyage.

Par bonheur, dans l'endroit où nous fîmes halte, il y avait des chardons et d'autres plantes; on en profita pour laisser les chameaux paître en liberté. Je vis avec surprise mes compagnons qui récoltaient des espèces de salsifis ayant un demi-pied de long et de la grosseur du pouce, dont le goût était agréable et sucré. La partie intérieure était dure comme du bois et ne se

4*

pouvait manger. Au même endroit nous trouvâmes en grande quantité des oignons sauvages.

Je saisis cette occasion de me régaler en faisant cuire une certaine quantité de salsifis; j'en mis aussi dans ma ceinture pour les manger plus tard.

Le 15 mai, nous traversâmes un district coupé par des ravins sauvages et profonds; j'entendis dire autour de moi qu'à chaque passage il se produisait un bouleversement, et qu'il pouvait se présenter des obstacles auxquels on ne s'attendait pas.

Les pauvres chameaux, fort chargés, souffraient horriblement; leurs pieds glissaient sur le sable toujours mouvant.

Ici on attache ces animaux les uns aux autres avec une corde fixée à la queue de celui qui marche devant et passée ensuite dans les narines perforées de celui qui vient derrière. C'est un spectacle cruel à voir, lorsqu'un animal de la chaîne s'arrête, car il est brusquement tiré par celui qui le précède. Par égard pour ces pauvres bêtes, chacun de nous descendait quand le chemin était trop mauvais, quoique nous eussions beaucoup à souffrir dans ce sable mou, où l'on enfonçait jusqu'à la cheville.

Je me rencontrai plusieurs fois avec le kervanbachi, qui maintenant me traitait avec la plus grande politesse. Son neveu semblait surtout être bien disposé à mon égard. C'était un jeune Turcoman de Khiva, qui n'avait pas vu sa femme depuis un an, et parlait à chaque instant de son ménage. Khali Mollah, — c'était son nom, — avait même beaucoup de confiance dans mon caractère de derviche, et je fus très étonné lorsqu'il me pria de chercher dans le Coran, pour sa famille, un verset spécial.

Je le satisfis pleinement, et je gagnai ainsi sa confiance et son amitié.

Jusqu'à présent nous ne savions laquelle des trois routes suivait la caravane. Le secret de la route qu'on prend est une nécessité pour la sécurité de tous, parce que la moindre indiscrétion pouvait donner l'éveil à des bandits.

Quoiqu'on ne nous eût rien dit, je présumai que nous suivions la route du milieu : notre eau était déjà à peu près épuisée, et cette circonstance nous obligeait d'arriver le lendemain à une citerne située sur ce chemin, ce qui n'était possible que si la tranquillité du pays le permettait.

Notre marche se fit sans malencontre ce soir-là. Parfois cependant la chaîne des chameaux se rompait, on ne s'en apercevait que quelques minutes après ; il fallait alors envoyer des gens à la recherche des bêtes restées en arrière. En pareil cas, la caravane continue son chemin ; et, afin que celui qui a été envoyé dans la nuit obscure à la recherche des bêtes ne se perde pas, un des membres de la caravane s'entretient de loin avec lui à haute voix.

Ces interpellations prennent, au sein de la nuit, un accent lugubre.

Le lendemain matin, 16 mai, nous aperçûmes, dans la direction nord-est, une chaîne de montagnes qu'on appelle la Ceurentaghi. Nous marchions très lentement, et ce ne fut que vers le soir que nous arrivâmes assez près pour pouvoir distinguer les reliefs et les contreforts de la partie basse des montagnes.

On nous avait dit à Etrek que nous rencontrerions probablement dans ces régions des Yomuts qui nous recevraient en amis; mais nous n'étions pas sûrs de la chose, et nous étions très anxieux de savoir si cet heureux événement se réaliserait, ou si nous serions attaqués par une troupe ennemie.

Un homme courageux fut envoyé à la découverte. Tous nos regards étaient attachés sur lui avec anxiété. Lorsque nous nous approchâmes de la montagne, nous aperçûmes quelques tentes, et notre frayeur se dissipa. Nous étions toutefois curieux de savoir à quelle tribu appartenaient ceux qui campaient en cet endroit.

Tandis que mes compagnons se plaisaient à contempler le spectacle ravissant des vertes vallées qui s'étendent au pied de la Ceurentaghi, mon cœur battait de joie à la pensée que je me rapprochais de ruines probablement d'origine grecque, qui se prolongent à l'ouest de cette montagne. Quand la montagne devint tout à fait visible, j'aperçus une colonne isolée au sud-ouest. Dans l'éloignement, cette colonne me fit l'effet d'une statue colossale.

En continuant à gravir le plateau, je vis dans la même direction une seconde colonne, plus épaisse que la première et moins haute. Ces ruines sont connues sous le nom de Mech'hedi Misriyan.

C'étaient des Yomuts qui campaient en cet endroit; et il fut décidé que nous prendrions un jour de repos, et que l'on négocierait l'acquisition de quelques chameaux. Cela s'accordait avec mes désirs, car j'avais ainsi l'occasion de pouvoir examiner les ruines en question plus en détail.

Le lendemain matin, 17 mai, je m'y rendis en compagnie d'Ilias et de quelques hadjis que j'avais amenés avec moi à force de ruses, car ils prétendaient que ces ruines étaient habitées par des djinns (génies). Elles étaient à une demi-lieue de notre camp, mais elles paraissaient être plus près.

Autour d'un haut rempart de six à huit pieds de large, et de quarante à cinquante de haut, il y en a un autre beaucoup plus bas et complètement ruiné du côté du sud. Probablement une ancienne forteresse s'élevait en cet endroit. Pour compléter ces défenses, il y avait encore un aqueduc qui allait dans la direction du sud-est chercher l'eau nécessaire à l'alimentation de la citerne de la citadelle.

Mon peu de compétence en archéologie et en architecture m'empêche de porter un jugement précis sur ces ruines. Je ne peux dire qu'une seule chose, c'est qu'elles sont d'origine grecque, car j'ai reconnu des briques analogues à celles des murs d'Alexandre, à Geumuchtepe. En dehors de ces ruines, j'ai encore remarqué sur la pointe nord de la Ceurentaghi un groupe de ruines, devant lesquelles nous passâmes pendant la nuit; et, autant que je pus le remarquer dans l'obscurité, ces ruines se composaient de chapelles aux toitures en dômes.

De nombreux nomades indigènes sont venus visiter notre caravane, et beaucoup d'affaires ont été traitées, voire même à crédit. La rédaction des traites m'a été naturellement dévolue.

Je fus étonné de voir que le débiteur, au lieu de donner sa traite au créancier, la mettait lui-même dans sa poche. Toutes les affaires se traitent ainsi chez les Turcomans. Lorsque je demandai au créancier l'explication de cette singularité, il me répondit :

« Que m'importe cet écrit? à quoi me servirait-il? Le débiteur, au contraire, en a besoin, afin qu'il se souvienne de sa dette. »

Le 18 mai, nous n'avions plus que deux journées de marche pour arriver jusqu'au Grand-Balkan. De là il ne faudrait plus que douze jours pour atteindre Khiva.

Durant ce trajet, nous devions rencontrer quatre sources d'eau saumâtre et pas un être vivant. Comme nous étions au milieu du mois de mai, notre conducteur espérait que nous pourrions recueillir un peu de pluie dans quelques cavités.

Nous avions rempli nos outres avec l'eau gluante de deux mauvaises citernes de Ceurentaghi. La secousse de la marche des chameaux avait transformé cette eau en une espèce de boue nauséabonde. Encore fallait-il la ménager, car on ne pouvait espérer rencontrer la première eau de pluie qu'après avoir franchi le Grand-Balkan.

Notre marche commençait maintenant à devenir plus régulière. Chaque jour nous faisions trois haltes d'une heure et demie à deux heures: avant le lever du soleil, pour cuire notre pain pour toute la journée; à midi, pour donner aux bêtes et aux gens un peu de repos pendant la grande chaleur; et avant le coucher du soleil, pour manger notre pauvre souper, qui se composait du pain en question et de quelques gouttes d'eau rationnées.

Mes compagnons, aussi bien que les Turcomans, avaient chacun un peu de graisse de mouton qu'ils mangeaient avec leur pain, et dont ils m'eussent volontiers fait part. Mais je refusai, parce que j'étais convaincu que la plus grande sobriété était le meilleur remède contre la soif et pouvait endurcir le corps contre les fatigues.

La contrée que nous traversions présentait un sol de glaise dure, où il ne poussait qu'un peu d'herbe rare çà et là. De nombreuses crevasses formaient des dessins bizarres.

Fatigué de la monotonie de cette triste plaine, le voyageur est transporté de joie lorsqu'il arrive à une halte et peut se reposer pendant quelques minutes du balancement du chameau.

Le lendemain 19 mai, vers midi, nous aperçûmes au nord un nuage d'un bleu sombre; c'était le Petit-Balkan, que nous pouvions atteindre dès le lendemain, et dont les Turcomans m'avaient tant parlé en me vantant sa grandeur, sa beauté et sa richesse minérale.

Malheureusement ce soir-là notre kervanbachi, ordinairement très vigilant, fut pris d'un irrésistible sommeil, et notre chef de file nous exposa à un danger qui eût pu être mortel pour nous.

Au pied du Petit-Balkan s'étendent beaucoup de marais salins recouverts d'une épaisse croûte blanche. On ne peut pas les distinguer du terrain avoisinant, revêtu aussi d'une couche de sel d'un doigt d'épaisseur.

Nous nous étions engagés sans défiance dans cette direction périlleuse, lorsque nos chameaux, sentant le sol vaciller sous leurs pieds, s'arrêtèrent, ne voulant plus avancer.

Nous sautâmes à bas de nos montures, et le lecteur peut comprendre mon épouvante quand, ayant mis pied à terre, je me sentis ballotté comme sur un canot en mouvement. L'effroi fut général.

Le kervanbachi commanda à chacun de nous de ne pas bouger, et dit qu'on ne pouvait pas sortir de cette passe dangereuse avant le jour. La forte odeur de soude était on ne peut plus insupportable, et il nous fallut attendre trois heures, jusqu'aux premiers rayons du jour, qui vint enfin nous délivrer. La retraite offrait de grandes difficultés, pourtant nous nous en tirâmes, car le ciel fut clément pour nous.

Si nous nous étions avancés un peu plus loin, le sol mouvant eût pu s'effondrer, et une partie, peut-être même toute la caravane eût pu disparaître. C'est ce que prétendaient les Turcomans.

Il était dix heures du matin (le 20 mai) quand nous atteignîmes le Petit-Balkan, dont la chaîne s'étend au nord-est, et dont l'extrémité penche vers le nord. Nous découvrîmes aussi vaguement la première cime du Grand-Balkan. Le Petit-Balkan, au pied duquel nous fîmes halte, forme une chaîne interrompue de montagnes à peu près d'égale hauteur. Cette chaîne a environ vingt-quatre lieues de long.

Ces montagnes ne sont pas aussi désolées que celles de la Perse; à de certains endroits on y trouve des herbes et du gazon. Elles ont une teinte bleuâtre.

La hauteur de la montagne au pied de laquelle nous nous trouvions avait environ, en la mesurant des yeux, deux à trois mille pieds de hauteur.

Nous continuâmes à côtoyer, ce jour-là et le jour suivant (21 mai), cette chaîne de montagnes, et enfin nous arrivâmes au pied du premier promontoire formé par le Grand-Balkan.

La chaîne de ces montagnes, qui vont jusqu'au bord de la mer Caspienne, s'étend du sud au nord.

A Khiva, j'appris des Turcomans que le Grand-Balkan est très riche en minéraux précieux; mais cette affirmation, pour avoir quelque valeur, aurait besoin d'être confirmée par des juges plus compétents.

Notre halte, ce soir-là, fut des plus agréables, surtout lorsque le soleil couchant répandit ses derniers rayons sur les charmantes vallées du Petit-Balkan; je me serais presque cru dans quelque vallée européenne. On pourrait dire qu'en général la contrée est belle, si elle n'était pas revêtue comme d'un voile de deuil, et si l'on n'éprouvait l'angoisse du désert. L'œil erre toujours avec anxiété, craignant d'apercevoir un homme armé, car chaque être humain que l'on rencontre ici se présente en ennemi.

Une heure après le coucher du soleil nous repartîmes.

Le kervanbachi annonça que nous allions maintenant entrer dans le désert proprement dit, et il nous fit observer que nous devions éviter autant que possible de parler haut et de crier, soit le jour, soit la nuit. Il nous recommanda de cuire notre pain avant le coucher du soleil; car, dans le désert, il ne faut pas allumer de feu la nuit pour ne pas trahir l'endroit où l'on se trouve. Il nous dit aussi qu'il nous fallait toujours, dans nos prières, implorer l'*Amandjilik*, c'est-à-dire la sécurité, et qu'il ne fallait pas trembler comme des femmes. On répartit entre nous quelques épées, une lance et des mousquets à mèche; et, comme on me tenait pour un homme brave, je reçus un fusil avec pas mal de poudre et de plomb.

J'avoue franchement que toutes ces précautions ne me donnaient pas des pensées bien rassurantes.

Quand nous eûmes quitté les Balkans, ma boussole, en dépit des précautions prises pour tenir le chemin secret, m'indiqua que nous avions pris la route moyenne.

A Ceurentaghi, nous apprîmes qu'une cinquantaine de bandits de la tribu des Tecks hantaient les abords de la montagne. Le kervanbachi voulut faire un détour pour abreuver les chameaux au puits de Djenak-Kougousou, dont l'eau est d'ailleurs si salée, que nul chameau n'y voudrait toucher si les pauvres bêtes n'avaient pas bu depuis trois jours.

Il était minuit, et nous avions fait environ quatre lieues, lorsque nous arrivâmes au bord d'un ravin. On nous fit mettre pied à terre, et on nous dit que nous étions dans le Deuden, nom par lequel les nomades désignent l'ancien lit de l'Oxus. Les pluies du dernier hiver avaient fait disparaître toute trace de chemin.

L'ancien lit du fleuve était traversé par un canal irrégulier, et ce ne fut qu'à grand'peine, lorsque parut le jour, que nous pûmes atteindre la hauteur du plateau.

D'après une légende des nomades, l'ancien lit de l'Oxus se rattacherait aux ruines de Mech'hedi Misriyan. Ils prétendent qu'autrefois l'Oxus avait coulé au pied des murailles de l'édifice, et que plus tard, étant irrité par les crimes des Geuklen, il s'était dirigé vers le nord et les avait abandonnés.

A mesure que les Balkans disparaissaient derrière nous dans le sombre azur des nuages, la majesté du désert immense nous apparaissait plus terrible. Jusque-là je croyais que la sublimité de ces vastes espaces désolés ne pouvait impressionner que les gens d'imagination; je m'étais trompé. Je n'avais vu dans ma patrie que des déserts en miniature; plus tard, lorsque je parcourus une partie du désert de sel de Dechti Kuvir, en Perse, j'en eus un véritable spécimen. Or j'éprouvai bien autre chose que ce que je m'étais figuré. Ce n'est pas, comme on le pense, généralement l'imagination qui allume l'enthousiasme, c'est la nature elle-même.

Parfois, pour égayer les sombres couleurs du désert, j'ai voulu me le figurer entouré de villes populeuses, mais je n'y suis jamais parvenu. Les plaines de sable interminables, ce terrible silence de la mort, la lumière jaune rougeâtre du soleil lorsqu'il se lève ou qu'il se couche, tout nous disait que nous étions dans l'une des plus grandes, des plus vastes solitudes du monde entier.

Les nomades eux-mêmes, qui sont cependant accoutumés au désert, ne restent nullement indifférents à ce magnifique spectacle, et se rendent parfaitement compte des impressions qu'il produit.

Lorsque nous nous trouvâmes sur le plateau élevé du Kaflankir, l'horizon était illuminé des plus beaux feux du matin. Un jeu de mirage qui se produit dans les déserts de l'Asie centrale, dans cette atmosphère si claire, quoique brûlante, est certainement un des plus merveilleux effets d'optique.

Toutes ces villes, ces tours, ces châteaux, ces images de grandes caravanes, ces chevaliers qui se combattent, ces géants isolés, tout cela tourbillonnait dans l'atmosphère, disparaissant d'un endroit pour reparaître en un autre.

Mes compagnons, surtout les nomades, regardaient avec un effroi de fatalistes tous ces jeux du mirage. Pour eux c'étaient les ombres et les spectres des villes et des hommes d'autrefois qui reparaissent à certains moments. Notre kervanbachi prétendait même qu'en de certains endroits il avait toujours vu les mêmes figures, et que nous-mêmes, si nous étions tués, nous reviendrions pendant un certain nombre d'années, et nous nous promènerions dans l'atmosphère comme ces apparitions fantastiques.

On chercherait cependant vainement dans les déserts de l'Asie centrale des vestiges d'anciennes villes disparues. Les distances énormes qu'il faut parcourir sans trouver une seule goutte d'eau potable, les centaines de lieues à travers le sable, la rigueur atroce du climat sont des obstacles insurmontables pour l'art, la science ou n'importe quels efforts de l'esprit humain.

« Le Turkestan et ses habitants, me disait un jour un indigène, ont été créés par la colère de Dieu; car, aussi longtemps que les sources du désert ne s'adouciront pas, les habitants du Turkestan ne pourront pas chasser de leur cœur la méchanceté et la cruauté. C'est la malice acharnée des hommes qui rend dangereuse la traversée du désert, bien plus que la rage des éléments! »

La chaleur insupportable, le sable brûlant, la

soif inextinguible, la faim, l'abattement, la prostration, on consentirait à subir tout cela, si on n'avait pas constamment la crainte du danger en face de soi, si on ne s'attendait pas à voir à chaque instant surgir les lances des bandits prêts à se jeter sur vous. Ce qui est encore pire que la mort, c'est de tomber en esclavage, d'être chargé de fers. Qu'est-ce que le tombeau avec sa couche de sable, en comparaison d'une mort lente et horrible en servitude turcomane!

Le 22 mai, vers midi, nous campâmes à Yeti-Siri, qui tire son nom des sept puits qu'on y trouve. Trois de ces puits contiennent une eau salée d'une odeur nauséabonde. Les quatre autres sont complètement taris.

Le kervanbachi ayant, vers le soir, l'espérance de trouver un peu d'eau de pluie, je ne voulus pas échanger contre ce liquide amer l'eau de mon outre, qui était cependant devenue une sorte de vase dégoûtante.

Les chameaux s'abreuvèrent pourtant à ces sources, et quelques-uns de mes compagnons en firent autant. J'étais étonné de voir des hommes lutter d'avidité avec les animaux. Ils sourirent de mon dégoût et de ma sobriété, mais ils devaient bientôt se repentir de n'avoir pas suivi mon exemple.

Nous repartîmes après une courte halte, et nous franchîmes une petite colline de sable sur laquelle étaient deux *kedjove* abandonnés. On me dit que les voyageurs qui s'étaient assis dans ces paniers avaient dû mourir dans le désert. On ajouta que tout réceptacle où un homme a pris place était honoré par les Turcomans; le détruire eût été à leurs yeux une action criminelle.

Superstition bizarre! vendre des hommes, dévaster des pays, sont pour eux des actes méritoires : et un panier de bois est respecté parce qu'il a contenu un homme mort!

Le désert et ses habitants sont extrêmement singuliers, et le lecteur s'étonnera bien plus encore en lisant le récit d'une aventure qui nous arriva le soir de ce même jour.

A la fraîcheur de la nuit je descendis avec le kervanbachi et quelques Turcomans pour aller à la recherche de l'eau de pluie dont notre chef nous avait fait espérer la découverte.

Nous étions tous armés, et chacun prit une direction différente.

Je suivis cependant le kervanbachi.

Nous eûmes à peine franchi quelques mètres, que nous remarquâmes sur le sable des traces de pas humains.

Mon compagnon, très surpris, s'écria : « Il faut que des hommes aient passé par ici. »

Nous allumâmes les mèches de nos fusils, et, en suivant les pistes, nous arrivâmes à l'entrée d'une grotte.

L'examen de ces empreintes nous démontra que nous n'avions affaire qu'à un seul individu.

Suivi de mon compagnon, je m'engageai dans la grotte; bientôt j'aperçus, avec une horreur difficile à décrire, un homme à moitié sauvage, enveloppé d'une peau de gazelle; il avait de longs cheveux incultes et une grande barbe.

Dès qu'il nous vit, il s'élança contre nous la lance en arrêt. Pendant que j'assistais à cette scène, impatient d'avoir le mot de l'énigme, je remarquai que mon compagnon semblait parfaitement calme. Il examina un moment cet homme à demi sauvage, puis il abaissa son fusil en murmurant le mot : *Amanbole*, ce qui signifie : « Que la paix soit avec toi ! »

Le kervanbachi, se tournant ensuite vers moi, me dit : *Kanli dir*, c'est-à-dire : « Le sang du meurtre est sur sa tête ! »

J'appris plus tard que depuis des années ce malheureux errait en toutes saisons à travers le désert, poursuivi par la vendetta. Le kanli dir, c'est-à-dire l'homme souillé de sang, ne peut et ne doit voir aucun visage humain.

Un homme à moitié sauvage s'élança contre nous,
la lance en arrêt.

Attristé par la vue de ce pauvre paria, j'oubliai un instant que le but de notre excursion était de chercher de l'eau douce.

Mais bientôt je songeai en frémissant que le soir même je devais boire ma dernière goutte d'eau, je ne puis dire d'eau douce, mais du liquide trouble que j'avais dans mon outre.

« Eau divine, m'écriai-je, le plus précieux de tous les dons de la Providence, pourquoi n'ai-je pas plus tôt compris ta valeur? On te gaspille dans ma patrie, on te répand à profusion. Que ne donnerais-je pas aujourd'hui, liquide sauveur, pour posséder seulement vingt de tes gouttes bienfaisantes! »

Je ne touchai qu'à quelques bribes de pain trempé dans de l'eau chaude, car on m'avait dit que par l'ébullition l'eau perdait son goût amer.

Je me résignai ensuite à tout supporter jusqu'à la découverte d'un peu d'eau pluviale.

J'avais besoin de tout mon courage, j'étais effrayé de l'état de mes compagnons; je redoutais pour moi-même la violente dysenterie dont ils souffraient tous depuis qu'ils avaient bu au dernier puits.

On soupçonnait bien quelques Turcomans, en particulier le kervanbachi, d'avoir encore un peu d'eau en réserve; mais, dans le désert, convoiter l'eau d'un compagnon équivaut à l'intention de lui arracher la vie, et l'on tiendrait pour fou quiconque songerait à demander un peu d'eau à un camarade.

Ce soir-là j'éprouvais une grande lassitude, car pendant toute la journée la chaleur avait été écrasante.

Les forces me manquaient absolument, lorsque je vis tout le monde se presser autour du kervanbachi; on me faisait signe de venir moi-même avec ma gourde. Le cri : « De l'eau! de l'eau! » me redonna une vigueur nouvelle, et je fus ravi lorsque je constatai que le kervanbachi distribuait à chaque homme de la caravane la valeur de deux verres d'eau pure et douce.

Le brave Turcoman nous raconta que depuis des années il avait l'habitude de tenir en réserve, dans cette partie du désert, une bonne quantité d'eau, qu'il distribuait au moment où chacun en désirait le plus ardemment. C'était, ajoutait-il, un grand *sévab,* c'est-à-dire un acte de piété; car il y a un proverbe turcoman qui dit : « Une goutte d'eau donnée dans le désert au malheureux altéré laisse nos péchés cent ans en arrière de nous. »

On ne saurait ni dire la grandeur d'un tel bienfait, ni exprimer la volupté que procure une gorgée d'eau douce dans l'extrême disette du désert.

Tout à fait remis, je songeai qu'il me fallait reprendre courage pour avoir la force de résister à la soif pendant trois jours. Le pain, cependant, me manquait encore. La lassitude et le manque d'appétit m'avaient rendu paresseux.

Je pensai que pour faire du feu je pouvais me servir de fumier de chameau, le bois qu'il était nécessaire d'aller chercher étant assez éloigné. Mais je n'en ramassai pas une quantité suffisante; la pâte que j'avais mis cuire sous la cendre chaude ne se solidifia pas. Je courus chercher du bois; mais, lorsque je l'allumai, la nuit était venue, et le kervanbachi me demanda si je voulais révéler aux bandits l'existence de la caravane. Je dus éteindre mon feu, et emporter à moitié cuit mon pain azyme.

Le lendemain matin, le 23 mai, nous fîmes halte à Koymat-Ata, où nous trouvâmes un puits tari; du reste, il n'y eut pas à le regretter, car son eau, ainsi que celle des autres sources de la contrée, n'est pas potable. Pour notre malheur, la chaleur, ce jour-là, surtout pendant les heures de la matinée, fut intolérable. Les rayons du soleil chauffaient le sable à la profondeur d'un pied, et le sol était si brûlant, que même les plus sauvages habitants de l'Asie centrale, qui marchent toujours pieds nus, s'attachaient un morceau de cuir sous la plante des pieds.

Le rafraîchissement que j'avais pris la veille était oublié, et j'étais de nouveau livré aux plus cruels tourments de la soif. A midi, le kervanbachi nous annonça que nous approchions du célèbre pèlerinage Kahriman-Ata. Il nous fallut descendre de nos montures pour honorer cet endroit sacré, et faire un quart de lieue à pied pour se rendre au tombeau du saint.

On ne saurait se faire une idée de la souffrance que j'endurai lorsque, exténué de soif et de fatigue, je dus abandonner mon siège et me joindre aux pèlerins.

Nous nous rendîmes au tombeau, situé sur une hauteur, à un bon quart d'heure de marche.

La gorge desséchée et en feu, je fus obligé de réciter des prières et de faire des citations du Coran.

Hors d'haleine, exténué, je tombai à genoux devant le tombeau.

Ce monument a trente pieds de long; il est orné de cornes de bélier, symbole de puissance supérieure dans l'Asie centrale. Le kervanbachi nous raconta que ce tombeau était celui d'un géant aussi long que son mausolée;

ce géant défendait autrefois, il y a de cela un temps immémorial, le puits voisin contre l'attaque des mauvais esprits qui voulaient le boucher en y jetant des pierres.

On voyait autour plusieurs sépultures de moindre importance, dernier asile de quelques pauvres voyageurs qui avaient péri dans le désert, victimes des bandits ou de l'inclémence des éléments.

En entendant parler de la source placée sous la protection du saint, je m'étais fort réjoui, espérant trouver de l'eau potable; je me la fis indiquer, et j'y courus pour arriver un des premiers. Ce que j'aperçus d'abord, ce fut une sorte de bourbier noirâtre; je remplis d'eau le creux de ma main; il me semblait avoir pris de la glace; je portai le liquide à mes lèvres, mais quelle déception! je ne pus en avaler une goutte, tant cette eau était salée, amère, infecte et rebutante. Mon abattement fut grand; ce fut la première fois que je doutai du succès de mon entreprise.

VIII

Les sables. — De l'eau douce. — Une armée d'ânes sauvages. — Aspect du pays de Kaflankir. — Je me regarde dans un miroir. — Rencontre d'un cavalier dans le désert. — Escorte envoyée à notre rencontre. — Arrivée à Khiva. — Mes craintes. — L'audience. — L'Afghan me compromet encore. — Un repas. — Je suis accablé de sollicitations. — Les médecins du khan. — Ma calligraphie mise à l'épreuve. — Le massacre des prisonniers. — Récompenses accordées aux soldats. — Les sacs de têtes. — Je quitte Khiva.

Vers minuit, nous entendîmes le tonnerre gronder au loin; ses roulements devinrent de plus en plus intenses, et bientôt l'orage éclata sur nous en grosses gouttes de pluie. Nous touchions enfin au terme de nos souffrances!

Dans la matinée du 24 mai, nous atteignions la limite extrême des sables, où nous étions depuis trois jours. Maintenant nous avions la certitude de trouver dans quelques heures de l'eau de pluie sur le terrain glaiseux où nous marchions maintenant.

Le kervanbachi avait remarqué des traces de pas de gazelles et d'ânes sauvages, indice du voisinage de l'eau; mais il tenait secrète son observation. Il pressait le pas, et bientôt il eut la joie de découvrir le premier, avec ses yeux de lynx, un petit lac d'eau pluviale et de le signaler à la caravane : *Sou! sou!* (de l'eau! de l'eau!) Cette joyeuse exclamation nous remplit le cœur de joie; la seule perspective d'avoir de l'eau nous avait déjà fait oublier notre soif et apaisé nos tourments.

Vers midi, nous arrivâmes au bord d'un lac entouré d'un grand nombre de cavités remplies d'eau pluviale.

Je courus un des premiers au principal réservoir.

Je ne pris pas même le temps de boire; je m'empressai de remplir mon outre et quelques vases avant que l'eau fût troublée par mes compagnons et transformée en fange.

Une demi-heure plus tard, tout le monde était assis et déjeunait avec entrain. Il est difficile, sinon impossible, de donner une idée de notre joie.

A partir de cette station, nommée Deli-Ata, nous pûmes renouveler à notre gré, jusqu'à Khiva, notre provision d'eau douce; et, si le reste de notre voyage à travers le désert ne fut pas absolument agréable, il se passa du moins tranquillement et sans trop d'inconvénients.

Vers le soir, nous parvînmes sur un point où le printemps brillait dans tout son éclat. Nous fîmes halte au milieu d'une quantité de petits lacs qu'entourent, comme une couronne, les plus charmantes prairies. Quand nous songions aux souffrances de la veille, il nous semblait que nous rêvions. Par surcroît de satisfaction, nous apprîmes que tout danger d'attaque avait à peu près disparu ; ce soir encore, nous devions, pour la dernière fois, éviter de faire du feu.

Il est bon de faire observer ici que les fils du désert attribuaient cette abondance inattendue d'eau potable à l'influence de notre saint caractère d'hadjis.

Nos derniers préparatifs de voyage faits, nous continuâmes notre route sous les plus favorables auspices.

Dans la soirée, nous arrivâmes à une énorme tranchée, au delà de laquelle s'étend le plateau de Kaflankir (Champ des Tigres), qui forme la frontière des Tenitaves, appartenant au khanat de Khiva. La montée de ce plateau, élevé de trois cents pieds, fut aussi fatigante pour les bêtes que pour les gens.

Les abords, du côté nord, étaient, m'a-t-on dit, tout aussi escarpés. Le paysage offrait un spectacle singulier. L'endroit où nous nous trouvions ressemblait à une île perdue dans une mer de sable. Du côté nord, le désert s'étendait à perte de vue.

Si l'on en croit les Turcomans, l'excavation circulaire qui entoure le plateau est formée par l'ancien lit de l'Oxus. Kaflankir était autrefois une île enserrée entre les deux bras du fleuve.

Quoi qu'il en soit, il est certain que ce district se distingue absolument du reste du désert, tant par la qualité du sol que par la richesse de la végétation et l'abondance de sa faune.

Nous avions vu jusqu'alors isolément quelques ânes et quelques gazelles; aussi ma surprise fut extrême lorsque j'en trouvai ici des troupeaux de plusieurs centaines.

Le lendemain de notre arrivée à Kaflankir, nous aperçûmes, vers midi, un immense nuage de poussière qui s'élevait du côté du nord.

Le kervanbachi et les Turcomans apprêtèrent leurs armes, et notre curiosité impatiente s'accrut à mesure que le tourbillon approchait.

Nous crûmes d'abord que c'était une file d'escadrons rangés en bataille et prêts à nous charger; mais tout à coup mes compagnons mirent bas leurs armes.

Pour dissimuler mon rôle d'Oriental, j'étais obligé de dissimuler ma curiosité, qui, comme on le sait, eût paru suspecte; mon impatience était donc excitée au dernier point. Le nuage de poussière approchait de plus en plus; il était à peu près à cinquante pas de nous lorsque j'entendis un bruit comparable à celui qu'auraient pu faire des milliers de cavaliers manœuvrant habilement et auxquels on aurait commandé de faire halte.

Nous vîmes alors une masse innombrable d'ânes sauvages, tous très valides et vigoureux d'apparence; ces animaux se campèrent devant nous en une ligne bien régulière et nous observèrent quelques moments avec une grande attention.

Lorsqu'ils se furent, semblait-il, rendus compte de la situation, voyant que nous n'appartenions pas à la même catégorie d'animaux, ils s'éloignèrent tous avec la rapidité de la flèche, et se dirigèrent vers l'ouest.

Après un jour de marche, nous arrivâmes, le 28 mai au matin, à un lac nommé Chor Gheul (Mer salée), qui a une forme rectangulaire et douze milles anglais de circonférence.

On résolut de s'y arrêter pendant six heures, afin de nous livrer au gouls, c'est-à-dire l'ablution de tout le corps, rigoureusement im-

Ane sauvage.

posée par le rite mahométan. Cette prescription était d'autant plus obligatoire que c'était justement ce jour-là l'Eidi-Kourban, une des fêtes principales de l'Islam.

Mes compagnons débouclèrent leurs havresacs, chacun d'eux ayant une chemise de rechange. Moi seul je n'en possédais pas ; Hadji Bilal voulut m'en prêter une, mais je la refusai, parce que j'étais convaincu que plus j'afficherais les dehors de la pauvreté, moins je courrais de périls.

Lorsque je me vis pour la première fois dans un miroir et que j'aperçus mon visage couvert d'une couche de poussière d'un doigt d'épaisseur, je me mis à rire. Il y a certaines parties du désert où j'aurais pu trouver l'occasion de me laver ; mais c'est avec intention que je négligeai de le faire, car cette couche de poussière protégeait ma peau contre les ardeurs d'un soleil brûlant.

Cet expédient ne me réussit, il est vrai, que médiocrement : je garderai toute ma vie sur le visage la marque indélébile des souffrances que j'ai endurées.

Du reste je n'étais pas seul dans cet état; tous mes compagnons étaient aussi bien que moi défigurés par le *teyemmün*, destiné à remplacer l'eau par du sable et de la poussière.

Quand ma toilette fut terminée, je constatai qu'auprès de moi mes amis avaient tous l'air de gentlemen.

On me prenait en pitié, et l'on voulait à toute force me prêter quelques vêtements. Je remerciai, je voulais attendre que je fusse habillé par le khan de Khiva.

Pendant quatre heures nous traversâmes un de ces fourrés qu'on appelle *ylgin;* nous y rencontrâmes un Uzbeg qui venait de Khiva; il nous en donna des nouvelles. La vue de ce cavalier fut pour nous une agréable surprise ; mais la joie que je ressentis n'est rien à côté du bonheur que j'éprouvai en apercevant, dans l'après-midi, quelques huttes abandonnées, car depuis Karatepe (frontière de la Perse) je n'avais pas rencontré la moindre trace d'habitation. Ces huttes étaient encore habitées il y avait quelques années, et passaient pour appartenir à Medemin, village disséminant ses masures dans la direction de l'est.

Ce district fut rendu à la culture, il y a une quinzaine d'années, par un officier nommé Mehemmed Emin. En abrégeant ce nom on en a fait Medemin. La dernière guerre a laissé cette contrée dans un état complet de dévastation et de ruine. C'est ainsi que les choses se passent dans le Turkestan, comme nous aurons souvent occasion de le constater.

Le matin du 29, je remarquai qu'au lieu de poursuivre notre route dans la direction nord-est, où se trouve Khiva, nous allions vers le nord.

Je cherchai à en connaître la raison, et j'appris que c'était pour notre sécurité que nous faisions ce détour. L'Uzbeg que nous avions rencontré la veille nous avait avertis de nous tenir sur nos gardes, parce que les Tchandors, en ce moment en rébellion ouverte contre le khan, poussaient leurs alamans jusque sur ces frontières.

Nous marchâmes encore ce soir-là avec quelque prudence, et le lendemain matin notre joie fut extrême en apercevant de nombreux groupes de tentes dressées dans toutes les directions; partout, sur notre passage, nous entendions retentir l'amical *Aman gheldinghiz!* (Soyez les bienvenus).

Notre camarade Ilias avait des amis campés dans cet endroit; il alla les trouver pour en avoir du pain chaud et d'autres *kourbans* (friandises de gala). Il revint abondamment pourvu, et nous distribua de la viande, du pain et du *kimis,* boisson acide faite avec du lait de jument fermenté.

Bien que notre halte n'eût guère duré qu'une petite heure, nous vîmes venir à nous une quantité de pieux nomades, pour satisfaire, en nous serrant la main, à leurs religieuses aspirations. En échange de quatre à cinq formules je reçus quantité de pain et quelques morceaux de viande de chameau, de cheval et de mouton.

Nous traversâmes plusieurs *yaps* (fossés pour l'irrigation du sol), et nous arrivâmes vers midi à une citadelle abandonnée, Khanabad, dont les hautes murailles, de forme carrée, s'aperçoivent à six lieues à la ronde.

Nous y passâmes l'après-midi et la soirée.

Le soleil était brûlant ; je me couchai à l'ombre du mur, et j'y goûtai un repos très agréable, ayant la terre nue pour matelas et une pierre pour oreiller.

Avant l'aube nous quittâmes Khanabad, qui n'est éloigné que de vingt-cinq milles de Khiva.

Nous fûmes très surpris de ne pas rencontrer une seule tente sur notre route. Le soir du même jour nous nous trouvâmes au milieu de monticules de sable : j'éprouvai une impression aussi pénible que si j'étais rentré de nouveau dans le désert.

Nous étions en train de préparer notre thé, lorsque les chameaux, qu'on avait envoyés brouter l'herbe, se mirent à courir affolés dans tous les sens.

Nous cherchions en vain à nous rendre compte de cette agitation inusitée, quand apparurent cinq cavaliers arrivant sur nous au galop.

Échanger nos tasses à thé contre nos mousquets et nous déployer en tirailleurs fut l'affaire d'un instant.

Les cavaliers en se rapprochant de nous ralentirent leur allure, et les Turcomans s'aperçurent bientôt que nous nous étions trompés, et que, au lieu d'avoir affaire à des ennemis, c'était une escorte amicalement envoyée au-devant de nous et qui devait nous accompagner jusqu'à Khiva.

Le lendemain matin, nous arrivâmes à un village uzbeg qui fait partie d'Akjap; le désert qui s'étend entre Geumuchtepe et Khiva se termine ici. Les habitants étaient les premiers Uzbegs que j'eus l'occasion de rencontrer. Ce sont de très braves gens. Selon la coutume du pays, nous visitâmes les maisons, et, grâce à nos *fatihas,* nous reçûmes beaucoup de présents.

Je revoyais enfin quelques objets de provenance européenne, et mon cœur en tressaillit de joie.

Nous aurions pu, ce jour-là, pousser jusqu'à la demeure de notre ami Ilias; mais, comme il était un peu vaniteux, il tenait à nous voir recevoir comme des hôtes annoncés et attendus.

Nous passâmes donc la nuit à deux heures

de sa maison, chez son riche oncle Allahnazr Bey, qui nous traita avec une distinction toute particulière.

Cette halte chez son oncle avait permis à Ilias de faire annoncer à sa femme notre arrivée, et le matin suivant (1er juin) nous entrions chez lui. Les membres de sa famille, même ses parents éloignés, vinrent au-devant de nous, et nous souhaitèrent la bienvenue.

Ilias voulait me loger sous une jolie petite tente; mais je préférai son jardin, dont les arbres aux épais ombrages m'avaient séduit. Il y avait si longtemps que je n'en avais vu!

Pendant les deux jours que je passai chez ces Turcomans à demi civilisés, ou, si on l'aime mieux, à demi nomades et à demi sédentaires, je remarquai la répugnance qu'ils éprouvent pour tout ce qui est résidence ou habitation fixe.

Bien qu'ils habitent depuis plusieurs siècles près des Uzbegs, les Turcomans haïssent les mœurs et les habitudes de leurs voisins. Ils évitent d'avoir des rapports avec eux, et, quoique leur langue soit la même que la leur, l'Uzbeg est pour eux un étranger.

Rafraîchis et reposés, nous partîmes pour la capitale.

Nous passâmes par Gazavat, où se tenait

justement le marché hebdomadaire : c'est là que j'eus pour la première fois le spectacle de la vie khivane.

Nous passâmes la nuit dans une prairie, en avant de Cheikhlar Kalesi, où je fis la connaissance des plus gros et des plus incommodes cousins que j'aie rencontrés de ma vie. Les chameaux et les voyageurs furent tourmentés toute la nuit. Pour mon compte, il me fut impossible de fermer l'œil; aussi, lorsqu'il fallut, le matin, grimper sur mon chameau, j'étais d'une bien méchante humeur.

Mais le spectacle de la plus belle nature printanière que l'on puisse rêver opéra bientôt une heureuse diversion.

Plus nous approchions de Khiva, plus la verdure était belle. Je crus d'abord que si cette ville me paraissait si merveilleuse, c'était à cause du contraste avec le désert, dont les sombres images étaient encore devant mes yeux; mais maintenant que j'ai pu revoir les plus belles contrées de l'Europe, je trouve que les environs de Khiva, avec leurs petites forteresses, entourées de leurs hauts peupliers, avec leurs belles prairies et leurs champs cultivés, dépassent en beauté toute description.

Si les poètes orientaux eussent porté dans

ce beau pays leur lyre inspirée, ils auraient eu devant eux un champ plus vaste pour leur féconde imagination.

La capitale du pays elle-même s'élève au milieu de ce véritable jardin, et, de loin, ses dômes et ses minarets font une favorable impression sur le spectateur.

Un des traits caractéristiques du paysage, c'est qu'une mince langue du grand désert de sable de Merv arrive jusqu'à une demi-lieue de la ville, et offre un contraste frappant de vie et de mort. Cette langue aride est désignée sous le nom de Teujesite-chti. Des portes de la ville nous n'apercevions rien encore.

Le 3 juin, j'étais donc devant les portes de Khiva : le lecteur comprendra ma joie s'il veut bien se souvenir des dangers que j'avais courus. Je ne rappellerai que le plus terrible, celui d'être trahi par mes traits européens, qui, à chaque instant, m'exposaient à être découvert. Et je n'étais pas au bout de mes épreuves.

Je savais très bien que le khan de Khiva, dont la cruauté révoltait jusqu'aux Turcomans eux-mêmes, serait à mon égard plus implacable encore qu'aucun de ses sujets, s'il venait à soupçonner mon origine; je savais aussi que le khan réduisait en esclavage tous les étrangers dont il se méfiait; dernièrement il avait agi ainsi à l'égard d'un Hindou de race princière; cet Hindou était, comme les autres esclaves, condamné à traîner des fourgons d'artillerie.

J'étais dans un grand état de surexcitation, mais je n'avais nullement peur, le danger incessant m'ayant rendu inaccessible à toute crainte.

La mort, qui pouvait si facilement être la conséquence de mon entreprise, était devant mes yeux depuis trois mois; loin d'avoir peur, je ne songeais qu'aux moyens par lesquels je pourrais donner le change à ce tyran superstitieux.

Pendant la route, je m'étais procuré des informations sur les habitants les mieux posés de Khiva qui avaient fait le voyage de Constantinople.

On m'avait surtout parlé d'un certain Chukroullah-Bey, qui était resté dix ans à Constantinople comme ambassadeur auprès de la cour du sultan.

Je me rappelais même vaguement l'avoir vu plusieurs fois chez Ali-Pacha, ministre des affaires étrangères.

Ce Chukroullah-Bey, pensai-je, connaît Stamboul, sa langue et ses usages. Qu'il le veuille ou non, il sera une de mes relations; et, comme dans le rôle de Constantinopolitain je peux tromper un Constantinopolitain même, l'ex-ambassadeur du khan de Khiva ne pourra pas m'arracher mon masque, et sera forcé de servir mes projets.

Devant les portes de la ville nous attendaient déjà plusieurs habitants de Khiva, qui, avant que nous eussions mis pied à terre, nous présentaient du pain et des fruits secs.

Il y avait longtemps qu'il n'était arrivé une troupe d'hadjis aussi nombreuse.

On nous regardait avec admiration et étonnement, et on nous criait de tous côtés : *Aman esden geldinghiz!* « Soyez les bien portants et les bienvenus. » *Ha chah-bazim! Ha arszla-nim!* « Ha! mon faucon! Ha! mon lion! »

Quand nous entrâmes dans le bazar, Hadji Bilal entonna un de ces cantiques appelés *telkin,* et je joignis ma voix à la sienne.

J'étais vraiment ému lorsque je vis les gens se jeter sur moi, me baiser les mains et les pieds et jusqu'à mes haillons, comme si j'étais un saint.

Nous passâmes par la douane du caravansérail, où nos paquets furent visités avec le plus grand soin ; dans ces occasions, les déclarations du chef de la caravane sont celles qui ont le plus de valeur, et c'est lui qui est responsable.

Les fonctions de directeur général des douanes se confondent, à Khiva, avec celle de premier *mehrem* (espèce de chancelier ou confident du prince).

A peine ce fonctionnaire eut-il adressé les questions d'usage à notre kervanbachi, que le maudit Afghan s'avança et dit d'une voix éclatante : « Nous avons amené ici trois intéressants quadrupèdes et un non moins intéressant bipède. »

Comme il faisait naturellement allusion aux trois buffles et à moi, tous les yeux se tournèrent de mon côté, et, parmi les murmures de l'assistance, je distinguai sans peine les mots de : *Djaniz* (espion), *Frengi,* et *Ourous* (Russe).

Je m'efforçai de garder tout mon sang-froid, et j'étais déjà prêt à me retirer lorsque le mehrem, m'apercevant, s'adressa à moi dans des termes peu courtois, et voulut me questionner.

Je m'apprêtais à lui répondre, quand survint Hadji Salih, dont l'extérieur en imposait; il me présenta à cet inquisiteur avec les paroles les plus flatteuses, de sorte que, gagné à ma cause, il me sourit et voulut me faire asseoir à côté de lui.

Quoique Hadji Salih me fit signe d'accepter l'invitation, je feignis d'être froissé, je jetai un regard irrité au mehrem et je me retirai.

Ma première visite, au sortir de là, fut pour Chukroullah-Bey, qui, bien qu'il ne remplît aucune fonction, logeait dans le *medress* de Mehemmed Emin-Khan, le plus bel édifice de Khiva.

Je me fis annoncer comme un effendi qui venait de Stamboul, en ajoutant que je l'avais connu dans cette ville et que je voulais le saluer à mon passage à Khiva.

L'apparition d'un effendi à Khiva (fait qui ne s'était pas encore présenté) causa quelque surprise au vieillard, qui vint lui-même au-devant de moi et fut très étonné de voir devant lui un affreux mendiant, vêtu de guenilles.

Pourtant il me fit entrer, et, après avoir échangé quelques mots avec moi dans le dialecte de Stamboul, il prit de plus en plus intérêt à la conversation, et me demanda des nouvelles de ses amis de la capitale et des renseignements sur la situation de l'empire depuis l'avènement du nouveau sultan.

Comme je l'ai dit, j'étais sûr de bien jouer mon rôle. Aussi Chukroullah-Bey fut-il ravi d'avoir des nouvelles de ses anciennes connaissances.

Sa surprise ne diminuait pas. « Au nom de Dieu, me disait-il, qui t'a pris de venir dans un pays aussi affreux que celui-ci ? comment as-tu pu quitter Stamboul, ce paradis terrestre ? »

Je répondis avec un profond soupir : « Par ordre de mes supérieurs religieux. » Et je me mis les mains sur les yeux, en signe d'obéissance passive. Le bon vieux musulman comprit que j'étais un derviche d'un ordre quelconque, et que j'accomplissais une mission que le *pir*, c'est-à-dire le chef spirituel ou père, impose à tout novice ; le disciple doit l'exécuter, même au péril de sa vie.

Cette explication parut le satisfaire ; seulement il me demanda encore le nom de mon ordre, et lorsque je lui eus parlé des Nakichbendi, il en conclut finement que le but de mon voyage était Bokhara.

Il voulut immédiatement me faire donner une cellule dans le medress où il demeurait ; je refusai, lui disant que je ne pouvais me dispenser de rester avec mes compagnons.

Je me retirai après lui avoir promis de revenir bientôt.

Lorsque je fus de retour au caravansérail, on me dit que mes camarades avaient trouvé un gîte dans une *tekkie*, espèce de cloître ou d'asile pour les derviches voyageurs ; je m'y rendis, et j'appris avec plaisir qu'on m'y avait réservé une cellule.

A peine arrivé, mes amis me demandèrent ce que j'avais fait pendant mon absence : ils m'exprimèrent leurs regrets de ce que je ne me fusse pas trouvé là lorsque le misérable Afghan qui cherchait à me compromettre avait été obligé de s'enfuir sous les huées des derviches et de la foule.

A merveille, pensais-je ; me voilà débarrassé des méfiances populaires ; il ne me reste plus qu'à détourner les soupçons du khan, à qui Chukroullah-Bey va certainement annoncer mon arrivée. Les princes régnant à Khiva ont toujours affiché un profond respect pour le sultan. Le souverain actuel se fera certainement présenter un effendi, et il est même possible qu'il reçoive avec une certaine distinction le premier Osmanli qui ait pénétré à Kharezm (c'est le nom politique de Khiva).

Mes prévisions se réalisèrent.

Dès le lendemain, un *yasaoul* (messager de cour) vint me trouver ; il m'apportait, avec un petit présent du khan, l'ordre de me rendre le soir même à *l'ark* (palais), vu que le *Hazret* (Sa Majesté) tenait beaucoup à être béni par un derviche né dans la terre sainte.

Je promis d'obéir, et j'allai, une heure avant l'audience, trouver Chukroullah-Bey, qui voulut bien m'accompagner lui-même au palais.

En chemin, il me donna quelques avis relatifs à l'étiquette que je devais observer en présence du prince.

Il me parla aussi de ses différends avec le *mether* (sorte de ministre de l'intérieur).

Ce dernier, voyant en lui un rival, recherchait tous les moyens de lui nuire.

Le mehter serait donc probablement mal disposé à mon égard, par cela seul que je serais présenté par Chukroullah-Bey.

Le *kouchbegi* (premier ministre) et le frère aîné du roi étaient en ce moment en expédition contre les Tchandors, les plus hautes fonctions de l'État se trouvaient ainsi concentrées entre les mains du mehter.

Les convenances aussi bien que la nécessité m'obligeaient à lui offrir tout d'abord mes respects. Son bureau était situé sous un portique, dans une avant-cour qu'il fallait traverser pour se rendre à l'appartement royal.

Comme c'était l'heure de l'*arz* (audience publique), l'entrée principale et les vestibules étaient encombrés de solliciteurs de toute classe, de tout sexe et de tout âge; on y voyait même des femmes portant leur enfant sur leurs bras;

tous ces gens avaient conservé leurs vêtements ordinaires. Personne ici n'est forcé d'inscrire son nom sur la liste d'un huissier, et quiconque a pu se faufiler au premier rang entre avant les autres.

La foule cependant s'ouvrait devant nous ; j'éprouvai une grande satisfaction lorsque j'entendis les femmes se dire les unes aux autres : « C'est le saint derviche de Constantinople qui vient bénir notre khan : puisse Dieu l'entendre ! »

Ainsi qu'on m'avait prévenu, je trouvai le mehter dans son bureau.

Ce personnage était entouré d'un grand nombre de subordonnés, qui souriaient obséquieusement à chacune de ses paroles. On voyait à son teint brun, à la barbe épaisse qui lui tombait sur la poitrine, qu'il était *Sart* (d'origine persane). Son costume grossièrement façonné, son énorme bonnet de fourrure étaient en harmonie avec ses traits grossiers.

Lorsqu'il me vit venir, il adressa à son entourage quelques paroles accompagnées d'un sourire railleur.

J'allai hardiment à lui, je le saluai le plus sérieusement du monde, et je pris la place d'honneur qui revient de droit aux derviches.

Après avoir prononcé les prières d'usage,

suivis de l'amen et du frottement de barbe général, nous échangeâmes avec le mehter les formules de politesse ordinaires.

Le ministre voulut faire de l'esprit ; il fit observer qu'à Constantinople les derviches étaient très instruits et parlaient arabe (je ne m'étais pourtant servi que du dialecte de Stamboul). Il me dit ensuite que l'Hazret[1] (à ce mot chacun se leva respectueusement de son siège) désirait me parler, et qu'il serait bien aise si je pouvais lui faire voir quelques lignes du sultan ou de son ambassadeur à Téhéran.

Je fis remarquer que mon voyage n'avait pas pour but les choses de ce monde, que je ne demandais rien à personne, et que, pour ma sûreté personnelle, je m'étais muni d'un simple firman portant le *tugra* (sceau du sultan).

Je lui remis mon passeport imprimé ; il le baisa avec de grands signes de respect, et le pressa plusieurs fois sur son front, comme pour rendre hommage à l'autorité suprême d'où émanait le Brumarbi ; il se leva ensuite pour aller le déposer entre les mains du khan.

Quelques instants après il revenait pour me prier de passer dans la salle d'audience.

Chukroullah-Bey entra le premier, et me re-

---

[1] Le khan.

tint un moment, pendant qu'on préparait la cérémonie de la présentation.

Quoiqu'il m'eût annoncé comme derviche, mon introducteur n'avait pas manqué de faire observer au khan que j'étais en relation avec tous les pachas de Constantinople et qu'il serait convenable de me recevoir avec un pompeux appareil.

Après quelques minutes, deux yasaouls vinrent me prendre respectueusement par les bras.

On leva un rideau, et je vis devant moi Seid-Mehemmed-Khan, Padichachi-Kharezm, ou, comme nous disons prosaïquement, le khan de Khiva.

Il était assis sur une espèce d'estrade, son bras gauche posé sur un coussin en velours. Il tenait à la main gauche un petit sceptre d'or.

Suivant le cérémonial habituel, j'élevai d'abord les mains en l'air, ce que le khan et les autres personnes présentes firent pareillement; puis je récitai un *soura* tiré du Coran, deux *allahoumou sella* et la prière habituelle qui commence par ces mots : *Allahoumou rabbena*, et finit par l'amen et le frottement de barbe.

Quand le khan se tenait encore la barbe, tous les assistants s'écrièrent : *Kaboul bolgay*, « Que ta prière soit entendue. »

Je m'approchai enfin du prince; il me tendit la main, et lorsque nous eûmes fait la *mousafeha* [1], je m'écartai de quelques pas.

La cérémonie de la présentation était terminée.

Le khan me demanda des renseignements sur le but de mon voyage, sur l'impression que m'avaient faite le désert, les Turcomans et Khiva. Je répondis que j'avais beaucoup souffert, mais que partout j'avais été accueilli comme un frère, et qu'à la nouvelle de notre arrivée les femmes et les jeunes filles de chaque village venaient au-devant de nous pour saluer et embrasser les pèlerins.

Bien que je me donnasse toute la peine possible pour employer le dialecte uzbeg au lieu de celui de Constantinople, peu compris ici, le khan dut se faire traduire plusieurs passages. Il me demanda ensuite si je pensais rester longtemps à Khiva, et si j'avais les ressources nécessaires pour continuer mon voyage.

Je lui répondis que mon intention était de visiter les reliques des saints que possède le khanat, et qu'ensuite je continuerais mon voyage. Quant aux moyens dont je disposais,

---

[1] Mousafeha est le nom du salut exigé par le Coran. Les deux personnes qui se saluent se présentent réciproquement la main ouverte.

j'affirmai que les derviches ne s'occupaient pas de ces menus détails terrestres. Et j'ajoutai :

« Le souffle saint que le chef de mon ordre (pir) m'a départi pour mon voyage, me permet de rester quatre à cinq jours sans prendre de nourriture. Je ne demande qu'une chose, c'est que Dieu fasse que Votre Majesté vive cent vingt ans. »

Mes paroles semblèrent lui faire plaisir, car Sa Majesté ordonna aussitôt que l'on me donnât un âne robuste et qu'on me comptât vingt ducats.

Je refusai les ducats en faisant observer qu'un derviche ne peut sans péché posséder de l'argent; en revanche, je le remerciai vivement de son autre cadeau.

Cependant je pris la liberté d'appeler son attention sur le précepte du Coran qui recommande un âne blanc aux pèlerins, et je le priai de m'en faire donner un de cette couleur.

J'allais me retirer, lorsque le khan me pria d'être son hôte pendant mon court séjour dans la capitale, et d'accepter chaque jour de son *haznadar* deux *tenghe* (environ 1 fr. 50) pour ma nourriture, que j'allais acheter aux cuisines en plein vent.

Un remerciement cordial et une nouvelle bénédiction précédèrent mon départ.

Mon passage à travers la foule houleuse qui

remplissait les avant-cours et le bazar fut salué de *Salam aleïkoum* respectueux.

Je ne respirai librement que lorsque je me trouvai seul entre les quatre murs de ma cellule.

Je n'étais pas peu satisfait de la réception courtoise de ce khan à la mine farouche, de ce tyran énervé, méchant et cruel; je me réjouissais de pouvoir désormais sans crainte parcourir le khanat comme il me plairait.

Toute la soirée l'image du despote me poursuivit.

Je le revoyais avec ses yeux profondément enfoncés, son menton à la barbe rare, ses lèvres minces et blêmes et sa voix cassée. Et je ne cessais de bénir la Providence, qui me protégeait d'une manière si évidente!

Comme j'avais l'intention de faire des excursions dans l'intérieur du khanat, je résolus de ne demeurer que le moins longtemps possible dans la capitale, les choses les plus curieuses qu'elle contient pouvant être vues rapidement.

Ce qui me prenait le plus de temps, c'étaient les invitations réitérées du khan, des hauts employés et des marchands les plus notables, qui tous tenaient à me fêter.

Comme je jouissais de la faveur royale, chacun voulait nous avoir comme hôtes, moi et les autres hadjis.

C'était un véritable supplice pour moi que d'être contraint d'accepter six à huit invita-

Une cuisine à Khiva.

tions dans la même journée, et de prendre des rafraîchissements et de la nourriture partout où j'étais reçu.

Je frémis encore au souvenir de cette époque

où, dès trois à quatre heures du matin, j'étais obligé de prendre place devant un énorme plat de riz nageant dans de la graisse de mouton. J'étais obligé d'en manger en simulant une satisfaction profonde. Je songeai alors, à part moi, au pain azyme du désert : comme j'aurais volontiers échangé cette abondance malsaine contre une pauvreté plus hygiénique!

Il est d'usage dans l'Asie centrale, même à l'occasion de la visite la plus simple, d'étendre le *destourkhan* : c'est une serviette bariolée, de grosse toile, d'une propreté plus que douteuse, où l'on place du pain pour deux personnes.

L'hôte à qui on le sert doit alors en manger plusieurs morceaux.

« Être rassasié » est une expression que l'habitant de l'Asie centrale ne peut admettre; c'est une grande malhonnêteté que de se dire rassasié.

Mes compagnons les hadjis, grâce à la capacité de leurs estomacs, donnaient toujours de brillantes preuves de *bon ton;* je m'étonnais parfois de ne pas les voir éclater sous la quantité de riz absorbé. Un jour j'ai calculé que chacun d'eux avait englouti au bas mot deux livres de riz et une livre de suif, sans compter le pain, les carottes, les navets, les radis, le tout arrosé, sans exagération, de quinze à vingt écuellées de thé vert.

En face de pareils héros je faisais assez triste figure, et chacun s'étonnait qu'un homme de ma science manquât ainsi aux devoirs de la civilité la plus ordinaire.

Mais un autre genre de supplice m'était réservé par les ulémas. Pour ces beaux esprits de Khiva, le suprême bon ton est de placer la Turquie et Constantinople au-dessus de tous les autres pays. Ils voulaient se servir de mon érudition turco-islamite pour élucider définitivement plusieurs *mescle* (questions religieuses).

Ils mettaient ma patience à une rude épreuve, ces Uzbegs au crâne épais, surmonté d'un turban colossal, avec leurs demandes concernant les prescriptions du Coran au sujet de la façon de se laver les mains, les pieds, la figure, la nuque, et aussi sur la manière de s'asseoir, de se coucher, de dormir, de marcher, etc., en observant les préceptes sacrés.

Le sultan, considéré comme successeur de Mahomet, est à Khiva le modèle d'un parfait musulman.

Voici le portrait qu'ils s'en font : son turban a au moins cinquante aunes de longueur; sa barbe tombe plus bas que sa ceinture, et une longue robe lui descend jusqu'aux orteils. On s'exposerait à être mis à mort en affirmant qu'il a les cheveux et la barbe coupés à la *Fiesko* et qu'il se fait habiller à Paris par Dusautoy.

J'étais vraiment peiné de ne pouvoir dire la vérité à mes hôtes, souvent très bienveillants et très aimables; mais je n'aurais jamais osé le faire dans la crainte de froisser leurs croyances.

Nous reviendrons, du reste, sur ce sujet, en parlant de Bokhara; si je l'ai effleuré aujourd'hui, c'est parce que, pour la première fois, je remarquais la profonde différence qui existe entre la civilisation islamique de l'ouest et celle de l'est.

Le *teuchebaz* (couvent) où nous étions logés servait en quelque sorte de place publique à cause de la pièce d'eau et de la mosquée encloses dans ses murailles. La cour fourmillait donc de visiteurs des deux sexes. L'Uzbeg, avec son bonnet de fourrure en forme de cône, ses grosses bottes en cuir à forte semelle, se promène volontiers ayant pour tout vêtement, particulièrement en été, une longue chemise. Ce vêtement, tant qu'il est propre, est fort bien porté; je l'adoptai moi-même bientôt, car il ne choque nullement la décence, et on peut aller habillé ainsi même au bazar.

Les femmes portent de hauts turbans sphériques fabriqués avec quinze à vingt mouchoirs de Russie; elles sont enveloppées d'une lourde robe, ce qui rend encore plus pénibles leurs longs voyages à travers la ville pour apporter au logis leurs grandes cruches pleines d'eau.

Souvent l'une d'elles s'arrêtait à ma porte pour me demander un peu de *khaki-chifa* (poudre de santé). Les pèlerins recueillent cette poussière dans une maison de Médine qui, d'après la tradition, a été habitée par Mahomet; pour les vrais croyants c'est la panacée universelle. Une autre me demandait un *nefes* (souffle saint) pour la guérir d'un mal réel ou imaginaire. Comment repousser les prières de ces pauvres créatures?

J'allais à la malade accroupie devant ma porte; je posais le doigt sur la partie souffrante, en accompagnant mon acte empirique de quelques paroles murmurées du bout des lèvres, et je terminais la cure en soufflant avec force sur la malade. Telle était leur foi naïve, que ces femmes éprouvaient un soulagement immédiat.

Les désœuvrés européens vont tuer le temps au café; ici, les oisifs vont passer de longues heures dans les cours des mosquées, où ils jouissent de la fraîcheur de l'eau du grand bassin dont chacune d'elles est pourvue, et de l'ombre projetée par les palmiers magnifiques qui entourent les bords.

Nous étions à peine aux premiers jours de juin, et déjà la chaleur était suffocante; je restais cependant confiné dans ma cellule sans fenêtres, car, aussitôt que je sortais pour me reposer un moment à l'ombre, j'étais à l'instant entouré d'une foule d'importuns qui me harcelaient de demandes et me posaient des questions absurdes ou ridicules.

Celui-ci me demandait de l'instruire dans la religion; celui-là désirait savoir s'il existe dans le monde entier une ville comparable à Khiva; un troisième voulait, une fois pour toutes, être renseigné d'une façon catégorique si réellement le déjeuner du grand sultan, qui lui vient tous les jours de la Mecque, ne met qu'une seule minute pour franchir la distance qui sépare la Kaaba de Constantinople. Que diraient ces braves Uzbegs s'ils savaient que la table d'Abdul-Medjid est amplement fournie de château-laffitte et de château-margaux!

Je fis plusieurs connaissances sous l'ombre des ormeaux de Khiva; je citerai la plus intéressante, celle d'Hadji Ismaël, que l'on me présenta comme un Constantinopolitain; malgré son origine uzbégienne, Ismaël parlait en effet la langue turque, portait des vêtements turcs, et avait si bien l'aspect d'un habitant de Stamboul, que je fus obligé de le presser sur mon cœur et de l'accepter pour un compatriote. Cet hadji avait, paraît-il, vécu vingt-cinq ans dans la capitale de la Turquie; il connaissait à Constantinople beaucoup de familles de distinction, et prétendait m'avoir rencontré plusieurs fois chez diverses personnes de sa connaissance. Il disait même se rappeler mon père, qu'il avait parfaitement connu, et qui, affirmait-il, était un mollah de Topkane [1].

Je me gardais bien de démentir l'impudent menteur; je faisais mieux, je prétendais qu'il avait laissé un bon souvenir à Constantinople, où tout le monde désirait son retour.

Hadji Ismaël racontait que sur les rives du Bosphore il avait été successivement instituteur, étuviste, corroyeur, calligraphe, apothicaire, et par conséquent sorcier, l'un n'allant pas sans l'autre. Tant de métiers, le dernier surtout, avaient donné à ses compatriotes une haute opinion de ce personnage.

Il avait dans sa maison quelques appareils distillatoires qui lui servaient à extraire diverses essences des végétaux; aussi ses compatriotes

---

[1] Faubourg de Constantinople.

avaient-ils recours à lui toutes les fois qu'ils désiraient faire usage d'un élixir.

Les décoctions (*maadjou*) sont très appréciées en Turquie et en Perse; elles jouissent aussi d'un très grand crédit à Khiva.

Le khan, affaibli par une vieillesse précoce, avait déjà mis à contribution la science d'Ismaël; mais, comme Sa Majesté n'avait pu s'astreindre à la diète rigoureuse imposée par le charlatan, le traitement n'avait réussi qu'à augmenter la violence de ses accès de goutte. Furieux, il avait chassé son médecin et donné sa confiance à une matrone renommée pour la confection de ses drogues.

La sorcière avait eu l'idée de prescrire au roi cinq cents pilules d'une mixture énergique. Malheureusement, dans la circonstance, les cinquante premières pilules produisirent chez Sa Majesté un effet déplorable; le résultat de la médication fut tellement navrant, que le khan, outré, fit mettre la sorcière à mort.

L'exécution avait eu lieu quelques jours seulement avant notre arrivée, et, en dernier lieu, on avait prescrit au royal malade le lait de buffle.

Sa Majesté voulut faire amende honorable et réinstaller Hadji Ismaël dans sa charge de sorcier-médecin de la cour; mais Ismaël, plein de rancune, refusa tout net. Son audace aurait pu lui coûter cher, si le superstitieux monarque n'avait redouté le pouvoir surnaturel qu'il attribuait à ce prétendu magicien.

Puisque nous parlons de la personne du khan, disons quelques mots sur sa manière de vivre et sur l'ordonnance de sa maison.

Je ne referai pas ici le tableau de la magnificence orientale, ces merveilles ont été décrites trop souvent; je me contenterai de noter que le train de maison et le nombre de domestiques servent à indiquer la puissance du souverain. A la tête de la domesticité se trouve le *desturchandj*; c'est lui qui a la garde du linge d'office et qui doit surveiller la table royale. En un habit de gala, il assiste aux repas du khan et surveille le service.

Immédiatement après lui vient le mehrem, dont les fonctions officielles sont celles de valet de chambre : c'est, en réalité, le conseiller secret du roi. Indépendamment des affaires domestiques, il se mêle aussi des affaires de l'État; ses relations intimes et constantes avec le khan lui donnent une grande influence sur l'esprit de ce dernier.

Après le mehrem viennent d'autres serviteurs dont chacun a sa fonction spéciale.

L'*aschpes*, ou maître d'hôtel, prépare les mets, et l'*aschmester* les porte sur la table.

Le *scherbetschi* est chargé de la confection du thé, des sorbets, et en général de toutes les boissons. Indépendamment de cette fonction, il est chargé de la préparation de certains élixirs particuliers.

Le *pajeke* veille à l'entretien du *tschilim* (chibouque), qui, chez le khan, est en or ou en argent. Il doit renouveler l'eau fraîche et parfumée chaque fois qu'il est allumé.

Chez les autres princes de l'Asie centrale ce fonctionnaire n'existe pas, parce que les lois interdisent rigoureusement l'usage du tabac.

Sa Majesté n'a pas de cabinet de toilette proprement dit; cependant il y a des serviteurs spéciaux chargés des soins extérieurs de sa personne. La cuvette dans laquelle il se lave lui est présentée à genoux par le *schilaptschi*, pendant que le *kumgandschi*, porteur d'une aiguière d'or, y verse l'eau nécessaire aux ablutions; la serviette est tenue par le *rumaldschi*, qui la soutient respectueusement du bout des doigts.

Le khan a encore à son service un *sertarash* (coiffeur); c'est toujours un artiste très habile. Un *ternakschi* (pédicure) soigne les ongles de ses pieds et de ses mains; un *chadinschi* masse la personne sacrée du souverain, lui détire les membres, et s'occupe, en un mot, de tout ce qui concerne le bain.

Vient en dernier lieu le *toschektschi* (faiseur de lits); son service se réduit à bien peu de chose, le lit royal se composant d'un matelas sur lequel on étend un carré de feutre.

Les armes splendides et les magnifiques harnais du prince sont confiés à la garde du *haznadschi* (trésorier); lorsque le maître monte à cheval, ce fonctionnaire se tient toujours à ses côtés.

Quand le khan marche à la tête de ses soldats, le *dschigadschi* (porteur d'aigrette) précède la troupe.

La garde-robe et la table du prince diffèrent peu de celles des hauts dignitaires et même des riches commerçants.

Le khan porte comme eux le lourd bonnet de peau de mouton, les grosses bottes garnies de longues bandes de tulle, les vêtements de soie ou de coton chaudement doublés. Ce costume, qui conviendrait parfaitement dans les régions où le froid est excessif, fait éprouver un véritable supplice au monarque et à ses sujets pendant les chaleurs torrides de juillet et d'août.

En somme, le sort du khan de Khiva est peu enviable.

Dans un pays où l'anarchie et l'absence de lois sont érigées en système de gouvernement, le prince ne peut régner que par la terreur.

Son entourage redoute comme tout le monde sa puissance illimitée, et il n'est pas rare que ses parents même, sa femme et ses enfants, conspirent contre lui et essayent de l'assassiner.

Le souverain doit être le modèle des vertus préconisées par l'Islam ; ses mœurs doivent être irréprochables, car les plus insignifiantes faiblesses de Sa Majesté deviennent bien vite l'objet des bavardages et des commentaires malveillants de la ville.

Bien que personne n'ose blâmer ouvertement une faute commise par le prince, cette faute fût-elle un crime, il n'en est pas moins vrai que tout acte répréhensible dont il se rend coupable blesse les plus influents mollahs, et par conséquent nuit à ses intérêts.

Le khan doit, comme tout bon croyant, sortir de son lit avant le lever du soleil, et faire sa prière du matin.

Après la prière, qui dure plus d'une demi-heure et qui se fait en commun avec sa cour, on absorbe plusieurs coupes de thé, où l'on met de la graisse et du sel.

Plusieurs savants mollahs sont souvent invités à ce premier déjeuner.

Ces graves personnages se livrent à de grandes dissertations sur les lois et font des commentaires sur telle ou telle question religieuse.

Sa Majesté, qui n'entend absolument rien à ces controverses théologiques, ne tarde pas à s'endormir; ses ronflements donnent le signal du départ. C'est ce qu'on appelle le sommeil du matin; il dure de deux à trois heures.

Après le réveil, commence le *selam* (réception des ministres et hauts fonctionnaires).

On tient conseil, on discute les expéditions à entreprendre, on s'occupe de politique extérieure, de la conduite à tenir à l'égard des voisins les Turcomans de Bokhara, des Yomuts, des Tschandors, des Kassaks, et aussi probablement des Russes, qui tendent de plus en plus à envahir le pays.

Ensuite on demande leurs comptes aux gouverneurs des provinces ou aux percepteurs des douanes; ces comptes doivent être d'une exactitude rigoureuse, car la moindre erreur est payée de la tête.

Après ce conseil, qui dure plusieurs heures, on sert le déjeuner proprement dit. Il est composé de mets relativement légers pour des estomacs Uzbegs. Le déjeuner à la fourchette de Sa Majesté khivite serait sans doute dédaigné par un ouvrier européen.

Pendant le repas, toutes les personnes présentes doivent se tenir debout, dans une attitude respectueuse et craintive ; au dessert seulement, quelques favoris sont invités à s'asseoir pour faire la partie du maître, distraction qui dure jusqu'à la prière de midi.

Cette prière se prolonge environ pendant une heure.

Lorsqu'elle est finie, Sa Majesté se rend dans sa première cour, s'installe sur une petite estrade en forme de terrasse, et l'*arz* (audience publique) commence.

Les gens de toute classe, les hommes, les femmes et les enfants peuvent paraître devant le souverain; on ne prend pas garde à la tenue, on peut se présenter à lui en guenilles et à demi nu.

A l'ouverture de l'audience, la masse se précipite à flots pressés dans la cour; les uns pleurent, les autres jettent des cris.

Chacun arrive à son tour près du souverain, et peut à son aise exhaler ses plaintes et développer ses griefs.

On prie, on expose son opinion, on peut même discuter vivement avec le khan, et pourtant il suffit d'un signe de sa main pour que, sous le plus futile prétexte, on soit livré au bourreau.

C'est ainsi que l'Orient est resté le pays des contrastes.

Des gens inexpérimentés peuvent considérer cette manière d'agir comme inspirée par l'amour de la justice, je n'y vois que le bon plaisir; s'il est permis à l'un d'apostropher violemment le souverain, un autre payera de sa vie la plus légère infraction à l'étiquette.

A ces audiences on juge des causes entraînant la peine de mort. Dans ce cas, la sentence est exécutée séance tenante. Mais s'il s'agit de simples petites querelles, le khan intervient entre les époux : il impose la réconciliation, ou bien prononce leur séparation. Pour une dette de quelques centimes prêtés au voisin, on vient trouver le prince; une femme plaide pour se faire restituer sa poule volée par sa voisine; personne n'est renvoyé sans être entendu.

Le khan renvoie certaines affaires au *cadi* (juge ordinaire), mais auparavant il a entendu la cause lui-même.

La prière de l'après-midi met fin à cette audience fatigante.

Le khan fait ensuite une promenade à cheval hors de la ville; mais il est généralement rentré avant le coucher du soleil.

La quatrième prière, la prière du soir, est également faite en public; puis le khan se retire pour prendre son dernier repas.

Les serviteurs et toutes les personnes qui ne

demeurent pas dans le palais s'éloignent; le prince reste seul avec les gens spécialement attachés à sa personne.

Le souper est le repas le plus luxueux, aussi dure-t-il plus longtemps que les autres.

Les tyrans de Khiva et de Bokhara ne prennent que rarement des spiritueux; par contre leur entourage, les membres des familles princières et les hauts dignitaires en absorbent souvent avec excès.

Après le repas arrivent des chanteurs, des musiciens, des jongleurs; des comédiens jouent ensuite une pièce. Les musiciens sont surtout très choyés à Khiva, et leur talent est apprécié, non seulement dans le Turkestan, mais aussi dans toute l'Asie islamique orientale. L'instrument sur lequel ils excellent s'appelle *girdschk*. Cet instrument ressemble assez à notre violon, seulement le manche en est plus long; ce violon a une corde en fil d'archal et deux en soie; l'archet est tout à fait semblable au nôtre. Les musiciens ont aussi des tambours et des *dutaras*, dont les hadjis se servent pour accompagner leurs chants pieux.

Chez les particuliers on chante des couplets populaires; mais à la cour, où les auditeurs sont plus délicats, on choisit des *ghaselen* du Nevaji et des poètes persans.

La musique fait partie du programme d'instruction donnée à tous les jeunes princes; aussi le khan se plaît-il souvent à les faire chanter et jouer, soit seuls, soit accompagnés du musicien de la cour.

Les représentations frivoles, en grand honneur à Téhéran et dans le palais du Bosphore, sont rares à la cour des Uzbegs.

Le caractère national du Tartare se distingue par le sérieux et par l'énergie; les danses, les sauts, etc., lui paraissent dignes seulement d'une femme ou d'un enfant.

Il ne m'est jamais arrivé de voir rire aux éclats un Uzbeg de quelque distinction.

Environ deux heures après le coucher du soleil, le khan se retire dans le harem ou dans sa chambre à coucher.

La journée du tyran de Khiva est terminée.

Les princesses de Khiva ne sortent jamais, excepté quand elles se rendent dans les palais de plaisance et les châteaux d'été qui se trouvent dans les environs de la ville.

Elles ne font pas la route à cheval, comme c'est l'habitude en Perse; on les empile dans une voiture hermétiquement close au moyen de tapis rouges et de châles.

Devant et derrière la voiture marchent quelques cavaliers armés de bâtons blancs.

Sur le passage du cortège tout le monde salue avec une terreur respectueuse.

Il ne viendrait à l'idée de personne de jeter un regard indiscret dans l'intérieur de la voiture, ce qui serait d'ailleurs bien inutile. Du reste, une pareille indiscrétion serait immédiatement punie de mort.

Pendant l'été les familles royales habitent les châteaux de plaisance de Rafenek et de Taschanz. Ces habitations royales, en style persan, ont été construites par les soins du prédéceseur du khan actuel. Ces deux palais sont très élégants; les vitraux coloriés qu'on remarque à toutes les ouvertures sont, en ce pays, la marque du luxe le plus éclatant.

La disposition intérieure de Taschanz est faite avec un réel sentiment de goût. Le palais est entouré d'un grand jardin coupé de pièces d'eau magnifiques. Il ressemble beaucoup au château de Nigaristam, à proximité de la porte Schiram, à Téhéran.

L'hiver, on le passe à Khiva. Sa Majesté fait dresser des tentes légères dans l'intérieur des cours de son palais, ce qui est une idée excellente. En effet, ces demeures mobiles, recouvertes de feutre blanc comme la neige et au milieu desquelles brille un feu clair et réjouissant, non seulement sont aussi chaudes que les bâtiments de pierre, mais elles ont l'avantage d'avoir l'aspect moins triste que les misérables huttes boueuses et sans fenêtres du Turkestan.

Dans les derniers temps de mon séjour à Khiva, il ne se passa rien de remarquable; mes collègues les hadjis et moi nous tirâmes grand profit de nos bénédictions.

Je réalisai pour ma part quinze ducats.

L'Uzbeg de ces contrées, quoique à peine dégrossi, est encore, de tous les habitants de l'Asie centrale, celui qui possède le caractère le plus noble et le plus généreux: je pourrais dire que mon séjour à Khiva a été plus agréable que partout ailleurs, si la rivalité qui divisait le mehrem et Chukroullah ne m'avait quelquefois mis en péril.

Le mehrem cherchait à me nuire pour faire pièce à l'homme par qui j'avais été présenté au khan; et comme il ne pouvait plus contester mon origine turque, il essayait d'insinuer au prince que je n'avais que le masque d'un derviche, et que je devais être certainement aux gages du sultan, qui m'avait envoyé en mission secrète à Bokhara.

Je fus mis au courant de ces intrigues, et je ne fus pas surpris en recevant une seconde invitation de me rendre à l'audience du khan.

Ce fut un moment très pénible pour moi.

J'étais on ne peut plus inquiet, et j'éprouvai une impression bien pénible lorsqu'il me fallut passer au milieu des pauvres prisonniers faits dans la dernière bataille contre les Tschandors ; ces malheureux attendaient dans la cour du palais l'heure de leur exécution.

Le khan était au milieu d'une nombreuse suite de courtisans. Il m'adressa aussitôt la parole et me dit qu'il avait appris que, quoique derviche, j'étais profondément versé dans les sciences modernes, et que j'avais en outre un *insha* (style fleuri). Il me pria d'écrire pour lui quelques lignes à la manière de Stamboul.

Je compris que le coup partait du mehrem ; il s'était renseigné sur mon compte près des hadjis, et comme il avait la réputation d'être un habile calligraphe, il voulait profiter de l'occasion pour faire éclater sa supériorité.

Je pris la plume et l'écritoire que l'on me présenta, et j'écrivis ce qui suit :

« Roi et Seigneur majestueux, tout-puissant et terrible, le plus pauvre et le plus humble des admirateurs de ta magnanimité royale n'oublie pas que, selon le proverbe arabe : « Tous « les bons calligraphes sont dénués d'esprit. » Jusqu'à présent il s'est peu adonné à l'étude de la calligraphie ; aussi est-ce uniquement en mémoire du proverbe persan : « Tout défaut

« qui plaît au roi est une vertu, » qu'il se hasarde à te présenter ces lignes. »

Ce style pompeux, émaillé d'épithètes laudatives et composé dans la manière ordinaire de Constantinople, plut beaucoup au khan; le mehrem était trop bête pour comprendre les allusions blessantes qui le concernaient.

On me fit asseoir et l'on me présenta du pain et du thé.

Le prince voulut s'entretenir longtemps avec moi; ce jour-là nous ne parlâmes que de politique. Pour rester fidèle à mon caractère de derviche, je fus très laconique, et me fis arracher chaque mot.

Le mehrem guettait toutes mes expressions, espérant que je pourrais me trahir; mais il en fut pour sa peine. Le khan, très gracieux, me recommanda de nouveau d'aller chercher chez le trésorier mon allocation quotidienne.

Je lui fis observer que j'ignorais la demeure de ce fonctionnaire; le prince me fit alors accompagner par un yasaoul, qui avait, du reste, divers ordres à transmettre au trésorier.

Les affreuses scènes dont je fus témoin en sortant de chez le khan ne s'effaceront jamais de ma mémoire.

Dans la dernière cour se trouvaient environ trois cents Tschandors prisonniers de guerre.

Ces malheureux, chargés de chaînes, attendaient depuis plusieurs jours, au milieu des horreurs de la faim, l'heure de leur supplice. Ils ressemblaient à des spectres. D'un côté on avait entassé les hommes âgés de moins de quarante ans, destinés à être vendus ou donnés comme esclaves; de l'autre se trouvaient les vieillards *aksakals* (à barbe grise), que le khan avait ordonné de pendre.

Les premiers, au nombre de dix à quinze, étaient attachés les uns aux autres au moyen de colliers de fer reliés par une longue chaîne; ils furent successivement emmenés. Les autres, les vieillards, attendaient avec une résignation de moutons sous le couteau du boucher.

Le bourreau les lia comme des veaux qu'on charge sur les charrettes qui doivent les conduire à l'abattoir.

Pendant qu'on les plaçait au pied des potences et des billots, je vis près de moi huit vieillards qui, sur un signe du bourreau, se couchèrent à terre sur le dos.

On leur attacha les pieds et les mains, et le bourreau leur arracha les yeux à tour de rôle. Il appuyait un genou sur la poitrine de chaque patient, plongeait son pouce sous l'orbite de l'œil, qu'il détachait ensuite au couteau, et, après l'horrible opération, il essuyait à la barbe des malheureux la lame sanglante qui avait servi à l'horrible opération.

Ce spectacle atroce empruntait un caractère plus cruel encore aux mouvements de ces infortunés, qui, se hissant péniblement sur leurs mains et leurs genoux, cherchaient à se relever.

Dans leurs mouvements incertains, dans des ténèbres désormais éternelles, leurs têtes s'entrechoquaient avec un bruit lugubre; la plupart retombaient évanouis, après s'être épuisés dans des hurlements qui n'avaient plus rien d'humain. Le souvenir de cette épouvantable scène me donne encore le frisson.

Le lecteur doit lui-même éprouver une impression pénible au récit de ces horribles supplices; cependant je dois dire que c'étaient là des représailles pour des actes non moins barbares dont, l'année précédente, les Tschandors s'étaient rendus coupables envers une caravane uzbeg. Cette caravane, composée de deux mille chameaux, avait été complètement dévalisée d'Orenbourg à Khiva.

Les Turcomans pillards ne se contentèrent pas de l'immense butin qu'ils arrachèrent aux voyageurs, la plupart des Uzbegs de Khiva, porteurs d'une grande quantité de marchandises russes; ils leur volèrent leurs vivres et jusqu'à leurs vêtements; plusieurs moururent de faim et de froid dans le désert : c'est à peine si huit seulement sur soixante purent regagner le khanat.

Ces exécutions sont d'ailleurs très fréquentes. A Khiva comme dans tout le reste de l'Asie centrale, on les trouve naturelles et on n'y attache aucune importance ; on n'y voit aucune cruauté.

Les mœurs, les lois et la religion les tolèrent.

Le khan actuel tenait à mériter le titre de protecteur de la religion, et il espérait l'acquérir en punissant des peines les plus barbares les moindres infractions religieuses.

Un simple regard jeté à une femme voilée suffisait pour mériter la mort. En ce cas, l'homme est pendu ; la femme est enterrée vivante jusqu'au milieu du corps et lapidée ; comme à Khiva il n'y a pas de pierres, on se sert de *kesek* (boules de terre durcie).

La pauvre victime est, dès le troisième coup, entièrement couverte de poussière ; le sang, dont la circulation est arrêtée par la gaîne de terre qui presse lourdement toute la partie inférieure du corps enfouie dans le sol, ne tarde pas à l'étouffer.

Les fautes les plus légères contre les prescriptions religieuses sont punies par le khan de la peine de mort; au début de son règne, les exécutions étaient si fréquentes, que bientôt il fut obligé de modérer son zèle religieux, car il aurait dépeuplé son royaume.

Cependant, aujourd'hui encore, le khan fait à chaque audience conduire à mort au moins un malheureux accusé.

La sentence que prononce le prince consiste en ce simple mot adressé au bourreau : *Alib barim*, « emmène-le. »

L'horrible spectacle m'avait fait oublier que le yasaoul devait me conduire chez le trésorier pour me faire payer les sommes qui m'avaient été allouées quotidiennement.

Les fonds me furent comptés intégralement.

Au moment de mon arrivée, le trésorier se livrait à une occupation bizarre, dont je dois parler ici.

Il assortissait des *khilat* (robes d'honneur) qui devaient être donnés en récompense aux guerriers les plus méritants.

Il y avait quatre sortes de costumes.

C'étaient des robes de soie, de couleur voyante, à grandes fleurs d'or brodées sur l'étoffe; on les désignait sous le nom de « robes à quatre têtes, à douze têtes, à vingt têtes, à quarante têtes ».

Comme je ne voyais sur ces habits aucune

tête peinte ou brodée, je demandai la raison de cette dénomination, et l'on m'expliqua que ces vêtements étaient le prix de quatre, douze, vingt ou quarante têtes d'ennemis du pays. Quelqu'un ajouta : « Du reste, si ce n'est pas la coutume de Roum, viens demain sur la grande place, où tu assisteras à la distribution des robes. »

Le lendemain, je n'eus garde de manquer cette occasion. Je vis, en effet, arriver du camp une centaine de cavaliers couverts de poussière.

Chacun conduisait quelques prisonniers, et, parmi ces derniers, il y avait des femmes et des enfants attachés, soit à la queue du cheval, soit aux courroies de la selle.

Chaque cavalier avait en outre un grand sac bouclé derrière lui.

Ce sac contenait les têtes coupées.

Arrivé sur la place, le cavalier offrait les prisonniers, soit au khan, soit à quelque grand personnage; puis, débouclant le sac et le prenant par le fond, il le vidait comme s'il eût été rempli de pommes.

Les têtes, les unes barbues, les autres glabres, roulaient à terre devant l'agent comptable; un serviteur poussait les têtes du pied, et on les empilait en tas de cent; chaque guerrier recevait une quittance provisoire des têtes

Le cavalier ouvrait le sac, et les têtes roulaient à terre.

livrées; le payement s'effectuait quelques jours après.

Nonobstant une si grande rudesse de mœurs, malgré ces scènes affreuses, c'est à Khiva et dans les environs que j'ai passé les meilleurs jours de mon voyage de faux derviche.

Les habitants sont très généreux à l'égard des hadjis; pour ce qui me concerne, je n'avais qu'à paraître et toutes les personnes qui me rencontraient me jetaient, sans y être sollicitées par une demande d'aumône, des habits ou de l'argent.

Je prenais soin de ne jamais accepter de sommes un peu fortes.

Je distribuais à des camarades moins heureux que moi la plus grande partie des vêtements dont on me gratifiait, et je donnais toujours les plus beaux et les meilleurs, gardant pour moi les plus pauvres et les plus simples, comme il sied à un vrai derviche.

Malgré ces libéralités, ma position avait changé du tout au tout, et, à dire vrai, j'étais fort satisfait d'être pourvu d'un âne robuste, d'avoir de l'argent, des effets et des provisions pour entreprendre mes futurs voyages.

IX

Charité khivite. — Démonstrations populaires. — Le Kalenterkhane. — Passage de l'Oxus. — Anes en bateau. — Femmes kirghiz. — La vie nomade. — Alarme terrible. — Nous retournons au désert. — Souffrances qu'endure la caravane. — L'un de nous meurt de soif. — Chaque goutte d'eau est une heure de vie. — Le *Tebbad*. — Hospitalité des esclaves persans. — Un enfant esclave. — Les officiers de l'émir. — Les cigognes de Bokhara.

L'heure de mon départ approchait. Je désirais vivement entreprendre auparavant une grande excursion dans l'intérieur du khanat.

A notre caravane voulait se joindre un jeune mollah de Nanka. Il devait se rendre avec nous jusqu'à Bokhara et de là aller à Samarkand. Quelle ne fut pas ma joie quand j'appris qu'il avait l'intention de profiter des derniers jours que nous devions passer à Khiva pour aller dans sa ville natale dire adieu à ses parents!

Il nous fit, en effet, part de son projet. Je

lui offris de l'accompagner. J'espérais recueillir quelque chose en mendiant, et j'étais heureux de me soustraire à la grande chaleur qui régnait à Khiva et que rendaient insupportable les promiscuités forcées de notre genre d'existence.

Le jeune mollah me promit monts et merveilles, et, pour m'affermir davantage encore dans ma résolution, il me fit des contrées que nous devions parcourir le tableau le plus brillant et le plus enchanteur.

Je n'avais nul besoin de ses exhortations, car j'étais ravi de saisir l'occasion qui s'offrait à moi.

Deux jours après nous étions en route pour Jengi-Uergendsch, d'où nous devions gagner l'Oxus; on avait là, pour un prix modique, des moyens de transport.

C'est généralement par eau que l'on se rend en été de Khiva à Khanka; et, en descendant l'Oxus, le voyage ne dure pas plus de cinq jours.

En été, la voie par eau est aussi la plus agréable; grâce à la fonte des neiges, la rivière roule alors un grand volume d'eau. En automne et au printemps, lorsque le niveau d'eau est bas, le voyage dure plus longtemps; en hiver, l'Oxus n'est pas navigable, à cause des glaces qui l'obstruent dans la plus grande partie de son cours.

On pourrait, dès la porte de Khiva, faire le voyage de Khanka en bateau, en prenant le canal Hazreti-Pehlicoun. Mais on ferait ainsi un trop grand détour, ce canal se jetant dans l'Oxus au sud de Khiva et non au nord.

Un second canal, Kascurat, qui coule également vers l'est, offre les mêmes inconvénients.

On évite donc de prendre ces deux voies, et l'on choisit la route plus directe de Jengi-Uergendsch, une des villes les plus industrieuses et les plus commerçantes du khanat.

De cette ville on gagne Achun-Baba, situé sur le bord du fleuve. Durant ce trajet, qui est d'environ huit lieues, on rencontre un grand nombre de bourgades assez peuplées. Le chemin traverse des champs, des jardins, des prairies couvertes d'une immense quantité de magnifiques mûriers. Les feuilles de ces arbres servent à l'élevage du ver à soie, que l'on y pratique sur une vaste échelle.

Cette contrée, la plus belle de tout le khanat, possède un grand nombre de fabriques de soie en pleine prospérité.

Notre voyage, qui dura cinq jours, s'accomplit sans incident d'aucune sorte. Nous traversâmes même plusieurs forêts habitées par les lions, les tigres et les panthères, sans rencontrer aucun de ces fauves.

Le pays est généralement plat et bien cultivé, à part toutefois la région traversée par la chaîne de montagne Oveisz-Harajne, qui s'étend du sud-est au nord.

Ces montagnes, couvertes d'une riche végétation, sont boisées dans toute leur étendue. A l'exception de leur hauteur, qui est plus considérable, elles ressemblent aux Balkans. C'est sur un de leurs sommets les plus élevés que se trouve le tombeau de Harajne, ce fervent disciple de Mahomet, qui se fit casser toutes les dents, parce que, à la bataille d'Ohud, le prophète avait eu deux dents brisées.

Ce tombeau est le lieu de pèlerinage le plus fréquenté des environs de Khiva.

Non loin de cet endroit on rencontre Mumadchat-Daghi (Mont de Méditation pieuse), qui fut l'asile de la sainte femme Amberenc (mère Ambra).

Dans l'Islam sunnite il est extrêmement rare qu'une femme se consacre à la religion. On cite cependant quelques exemples dans l'Asie centrale ; ce qui tendrait à prouver que le beau sexe n'est pas traité aussi mal qu'on le croit habituellement en Europe.

La princesse Amberenc, d'après ce que l'on raconte, avait été une merveille de beauté et de vertu. Touchée par la grâce, elle avait embrassé l'islamisme. Son mari, furieux de ce qu'il appelait une apostasie, la chassa de sa maison. La princesse quitta le palais de son époux et vint se réfugier sur cette montagne.

Elle y serait certainement morte de faim, si une biche bienfaisante n'était venue tous les jours à l'entrée de la grotte qu'elle habitait, et ne s'était laissé traire sans résistance.

Cette légende évoque immédiatement le souvenir de Geneviève de Brabant. Les Flamands d'alors ne valaient pas mieux que les Uzbegs d'aujourd'hui.

Il est curieux de constater de telles analogies entre les diverses religions et les légendes des peuples les plus éloignés. Je n'insiste pas et je laisse le lecteur libre de faire à ce sujet telles réflexions qu'il jugera à propos.

Nous entrâmes enfin à Khanka le soir du cinquième jour. L'aspect de cette ville, la plus septentrionale du khanat de Khiva, est plus triste que celui des cités méridionales.

Khanka n'est célèbre que par ses marchés, où les nomades viennent vendre des bœufs, du beurre, des tapis de feutre, du poil de chameau et de la laine. On y fait aussi le commerce du poisson, pêché dans la mer d'Aral. Ce poisson est consommé dans toutes les provinces du khanat.

Détail curieux : il y a deux Russes établis à Khanka. Ce sont deux anciens soldats de l'armée de Pérowski, qui furent faits prisonniers par Mehemmed-Emin-Khan. Ce prince leur fit grâce de la vie et leur rendit la liberté à condition qu'ils abjureraient leur religion et embrasseraient l'islamisme.

On leur fit don à chacun d'une maisonnette avec cour et jardin, et l'un d'eux reçut même en présent une esclave persane. Le blond fils du Nord et la brune Iranienne font un excellent ménage. Ils s'entendent si bien, que le Russe n'a point voulu profiter des occasions qui se sont présentées pour retourner dans sa patrie; il lui préfère maintenant son pays d'adoption des bords de l'Oxus.

Je tiens à donner ici les quelques renseignements que j'ai pu recueillir sur le cours de ce fleuve, depuis Khanka jusqu'à son embouchure dans la mer d'Aral.

A deux lieues au-dessous de Khanka l'Oxus se divise en deux bras considérables. Celui de droite, qui conserve le nom d'Amou-Daria, coule à peu près directement vers la mer; mais, comme il se dépense fréquemment pour alimenter tout un réseau de petites ramifications, son lit est peu profond, et, lorsque les eaux sont basses, il est à peine navigable. Le bras gauche du fleuve, qui s'appelle Tarlik (étroit), est encaissé et partout profond. Cependant, comme il fait un détour considérable avant d'arriver à la mer, on ne le prend que rarement et seulement lorsque les eaux sont basses dans l'autre bras du fleuve.

L'importance du transit entre la mer d'Aral et Khanka est bien inférieure au trafic entre Tschihardschuy et Khanka. On se sert généralement de cette dernière voie pour le commerce entre Bokhara et Khiva.

C'est surtout en automne que s'expédient les poissons pêchés par les Uzbegs dans la mer d'Aral. Cette pêche est l'objet d'opérations commerciales importantes dans les trois khanats; cet article est, en effet, très demandé par les habitants des steppes; possesseurs de riches troupeaux, ils sont trop avares pour se nourrir de viande et se contentent de poissons secs.

Au printemps, le passage des oies sauvages, qui se trouvent en énormes quantités à l'entrée du fleuve, attire un grand nombre de chasseurs sur les bords de la mer d'Aral.

Si nous jetons un coup d'œil d'ensemble sur ce fleuve curieux, depuis sa source jusqu'à son embouchure, nous constaterons que, contrairement à ce que Burnes prétend, il n'est pas navigable dans tout son parcours. Ce n'est qu'à partir de Kerli ou plutôt de Tschihardschuy qu'il peut porter des bateaux grands ou petits.

Dans la partie haute du cours de l'Oxus on ne rencontre que des radeaux de bois de flottage; ce bois est fourni par les forêts qui couvrent les montagnes de cette contrée. Il est rare de voir des radeaux dépasser la partie du fleuve considérée comme navigable.

Entre Hezarep et Eltschig, la dernière étape avant Bokhara, on commence à rencontrer de gros bateaux se dirigeant vers Khiva. Ils en reviennent chargés de marchandises et de vivres; mais la partie du fleuve où règne le plus d'activité est celle comprise dans le khanat de Khiva. Les frais de transport y sont à très bas prix, ce qui permet aux classes les plus pauvres d'employer ce moyen de transport.

Mon incompétence dans les questions de haute politique et d'économie sociale ne me permet pas une affirmation catégorique; toutefois je crois pouvoir dire qu'à mon avis l'Oxus est appelé à jouer dans l'avenir du Turkestan un rôle important le jour où l'on entreprendra les grands travaux de canalisation nécessaires. Cependant l'importance de ce fleuve ne sera jamais celle de l'Iaxartes, dont les flots portent déjà les steamers russes.

Il est certain que les Russes, avec leurs flottilles de la mer d'Aral, finiront par pénétrer dans le Turkestan; mais on exagère beaucoup l'importance que les steppes de l'Iaxartes peuvent avoir pour la cour de Saint-Pétersbourg. Cette erreur provient du peu de connaissance que nous avons de la géographie intérieure de l'Asie centrale.

On ne peut pas plus tenir en respect le khanat de Khiva avec trois vapeurs qu'on ne peut s'emparer des villes fortifiées de Khanka, Hiptschak et Hezarep. En outre, il est presque impossible de jeter par Karakul un détachement un peu important sur Bokhara, centre de l'Asie centrale; les difficultés matérielles sont à peu près insurmontables.

Pour qu'une expédition russe pût aboutir, il lui faudrait pouvoir remonter facilement le cours de l'Oxus; or cela n'est pas possible.

Les Russes se rendent, du reste, parfaitement compte des obstacles à surmonter. C'est d'abord la chute d'eau de Chodscha-Ili, puis des bancs de rochers barrant presque le fleuve. D'un autre côté, les sables mobiles que charrie le courant changent à chaque instant le niveau du fleuve et empêchent de déterminer la voie navigable. Les pilotes les plus expérimentés seraient déroutés à tout moment, et n'offriraient aux navires qu'une garantie insuffisante.

Comme ce fleuve, vaste torrent dévastateur, se subdivise en un grand nombre de bras, il sera fort difficile aux Russes de remonter ce fleuve, si préalablement ils ne font pas les travaux nécessaires pour le rendre navigable.

Malheureusement ces endiguements seraient désastreux pour l'agriculture, et les habitants de ces contrées, où la sécheresse est constante, seraient absolument privés d'eau potable.

L'une de ces provinces, vassale du khan de Khiva, s'étant révoltée, celui-ci envoya contre elle une expédition, et donna l'ordre de barrer tout d'abord les canaux et les conduites d'eau; c'était, en effet, le moyen le plus sûr de réduire l'adversaire.

Le gouvernement, qui, pour rendre le fleuve navigable, concentrerait les eaux dans un seul lit en construisant des écluses, déclarerait par le fait même la guerre à tout le pays.

Ainsi que nous l'avons dit, le nombre des bras de l'Oxus est considérable, et le cours du fleuve très irrégulier. Les habitants eux-mêmes ne connaissent qu'imparfaitement ce fleuve capricieux.

Sir Henry Rawlinson, s'appuyant sur un

vieux et précieux manuscrit persan, n'est pas loin de croire que la mer d'Aral n'a pas toujours existé. Cette supposition n'a rien d'invraisemblable. Pour bien comprendre combien est fondée cette hypothèse du savant anglais, il est nécessaire de se rappeler que le vieux lit desséché de l'Oxus, après avoir côtoyé le Haflankir et traversé le bassin situé entre les deux Balkans, aboutit à la mer Caspienne.

Le voyage de Khanka à Khiva se fait en grande partie par terre, car il faudrait, en prenant la voie par eau, de dix-huit à vingt jours pour remonter le courant du fleuve; aussi cette voie n'est-elle adoptée que pour le transport des marchandises.

Par terre il y a trois routes : 1° celle de Kolme-Muergendsh, qu'on appelle le chemin de l'été ; cette route, quand les eaux sont hautes, est couverte de lacs formés par le débordement des bras de l'Oxus; c'est également la plus longue; 2° le chemin qui passe par Chodscha-Ili; on le prend plutôt en hiver, quand les lacs dont nous venons de parler sont gelés; 3° on peut prendre enfin, sur la rive droite de l'Oxus, le chemin qui passe par Luzachan; mais on a alors le désagrément de faire un grand détour, et l'on est obligé de traverser de nombreuses steppes de sable.

Nous prîmes pour le retour la première de ces trois routes. Notre voyage n'eut pas plus d'incidents que pour l'aller. Par exemple, je n'ai jamais vu de ma vie autant de faisans et de pintades. Ces gallinacés se rencontrent en quantités fabuleuses.

Parmi les monuments remarquables qu'il me fut donné d'examiner, je citerai seulement, pour sa merveilleuse décoration, la mosquée de Toreberg-Charsim, émaillée de délicieuses arabesques, et le double kiosque d'Aysancon et de Schalsanem, que je mentionne uniquement à cause de la légende qui s'y rattache.

C'est l'éternelle histoire des amants malheureux qu'on rencontre dans tous les pays et dans toutes les littératures. Le fonds est toujours le même; seuls les détails varient suivant le plus ou moins d'imagination des peuples.

Cette légende sert de thème aux complaintes des trouvères de Khiva, de Bokhara et d'Hérat. Elle est très populaire dans ces trois pays.

En rentrant à Khiva je retrouvai mes amis, qui attendaient notre retour avec la plus vive impatience. Ils décidèrent que nous partirions dès le lendemain, car la chaleur toujours croissante nous inspirait des craintes fort légitimes pour notre voyage à Bokhara.

J'allai prendre congé de Chukroullah-Bey,

qui, pendant mon séjour à Khiva, m'avait toujours témoigné tant de bienveillance et rendu tant de services.

Ce bon vieillard m'émut jusqu'au fond du cœur quand je vis avec quelle véhémence il m'exhortait à renoncer à mon projet de voyage. Il me dépeignit sous les couleurs les plus sombres l'émir de Bokhara, dont la politique toute de méfiance et de trahison lui faisait considérer chaque étranger comme un ennemi.

Pour me mettre bien en garde contre lui, il me raconta, sous le sceau du secret le plus absolu, que, quelques années auparavant, un Osmanli, ayant été envoyé comme instructeur militaire par Reschid-Pacha à Bokhara, avait été traîtreusement assassiné par ordre de l'émir, lorsqu'il voulut, après deux ans de séjour dans la ville, retourner à Stukou-Stamboul.

Cette insistance passionnée de Chukroullah-Bey me causa un profond étonnement. A mon arrivée à Khiva, il m'avait pris réellement pour un véritable derviche; je pensai donc qu'il avait reconnu en moi un Européen et avait en conséquence changé tout à fait d'opinion sur mon compte.

Il avait été, en 1839, à ses débuts dans la carrière politique, chargé d'une mission auprès du major Todd à Hérat. Plus tard il fut envoyé comme ambassadeur à Saint-Pétersbourg, qu'il habita à plusieurs reprises, et à Constantinople. Souvent il me parlait des excellents rapports qu'il y avait toujours eus avec les Frenghi, dont il avait gardé un affectueux souvenir.

Chukroullah-Bey avait sans doute compris nos théories, notre manière de voir et nos aspirations scientifiques, et peut-être était-ce la cause de sa grande affection pour moi et de la protection qu'il m'avait accordée.

Quand il me donna sa main à baiser, je crus voir dans ses yeux briller une larme; qui sait d'où cette larme venait?

Je me séparai de cet excellent vieillard pour me rendre chez le khan, à qui je donnai une dernière bénédiction. Le prince me demanda de passer à mon retour par Khiva. Il voulait, disait-il, profiter de cette occasion pour envoyer avec moi à Constantinople un ambassadeur, qu'il devait charger de demander au nouveau sultan, son suzerain, une nouvelle investiture du khanat. « *Kimet!* » lui répondis-je, lui faisant entendre par ce seul mot que c'était pécher que de vouloir anticiper sur l'avenir, et je lui rappelai que nous devions savoir attendre patiemment ce que le destin nous réservait.

Je dis ensuite adieu à mes amis de quelques

jours, aux connaissances que j'avais faites, leur souhaitant toutes sortes de prospérités.

Je quittais Khiva après y avoir fait un séjour de près d'un mois.

Lorsque tout fut prêt pour notre départ, les membres de la caravane se rendirent individuellement sous les grands arbres de la cour de Toscheba. Alors je pus apprécier les heureuses conséquences qu'avait eues la générosité des habitants de Khiva pour les mendiants dont notre caravane se composait.

Toutes nos guenilles avaient disparu. Les plus avares d'entre nous avaient seuls conservé de leurs anciens haillons pour ménager leurs effets neufs. Mais tous avaient remplacé leurs bonnets de fourrure en lambeaux, et portaient le turban blanc comme neige des Yomuts.

Nos sacs étaient bien garnis, et c'était plaisir de voir que même le plus pauvre derviche possédait un âne pour lui servir de monture.

Ma situation personnelle s'était particulièrement améliorée. Non seulement j'avais un âne blanc superbe, dont le khan m'avait fait présent, mais j'avais encore à moitié part un chameau à ma disposition. Tandis que je chevauchais sur le premier, le second portait mon sac de voyage qui contenait mes vêtements (ce pluriel mérite d'être signalé), quelques manuscrits que j'avais achetés et mes provisions. Cette fois, ces provisions ne consistaient plus uniquement, comme dans le désert, en pain noir, mais en *pogatscha* blancs (petits gâteaux préparés avec de la graisse de mouton), en riz, en beurre et même en sucre.

Quant à mes vêtements, je n'avais point voulu les changer. On m'avait cependant donné une chemise; mais je me gardai bien de la mettre, de crainte de prendre des habitudes efféminées. Du reste, en agissant ainsi, j'eusse paru trop inconséquent avec mon rôle austère de derviche.

De Khiva à Bokhara nous avions le choix entre trois routes : 1° par Hezarep et Fitnek, en traversant l'Oxus à Hutlertlu; 2° par Khanka et Chourakhan, sur la rive droite du fleuve; en suivant cette route on n'a que deux jours à passer dans le désert, entre l'Oxus et Karatheul; 3° en remontant le fleuve jusqu'à Eltschig, où l'on débarque pour se rendre de là à Karatheul par le désert.

Comme nous avions pris le parti de ne pas naviguer, nous laissâmes au kervanbachi, un bokhariote nommé Aymed, la liberté de prendre l'un ou l'autre des deux premiers chemins. Il nous déclara, et son opinion fut corroborée par un marchand d'habits de Khiva, qui nous avait loué des chameaux et nous accompagnait, que la route de Khanka était, à cette époque de l'année, la plus commode et la plus sûre.

Ce fut un lundi, le 27 juin, quelques heures avant le coucher du soleil, que, coupant court aux embrassades et aux bénédictions et nous arrachant avec peine aux démonstrations passionnées de la foule accourue autour de notre convoi, que nous sortîmes de Khiva par la porte Urghendy.

Quelques habitants, dans l'excès de leur zèle, nous suivirent tout en courant pendant une demi-heure. Ils allèrent jusqu'à verser des larmes et s'écriaient avec désespoir : « Khiva aura-t-il jamais le bonheur de recevoir dans ses murs un aussi grand nombre de saints? »

Mes compagnons, juchés sur des chameaux, étaient à l'abri de leurs démonstrations par trop touchantes; mais moi, sur mon âne, j'étais exposé de plus près à leur vénération; heureusement ma monture, fatiguée elle-même de ces manifestations, en bête intelligente, prit tout à coup le galop et coupa court ainsi à une scène qui n'avait déjà que trop duré. J'étais enfin délivré, et je pus respirer à l'aise.

Lorsque j'essayai de modérer l'allure de mon

hippogriffe à longues oreilles, j'avais une avance considérable sur mes compagnons. Toutefois il me fut très difficile de le faire passer de son galop fantaisiste au trot allongé. Mais ce fut bien autre chose encore quand je voulus l'arrêter tout à fait. Le roussin se fâcha tout net et me manifesta sa mauvaise humeur par un braiment formidable, dont j'aurais aimé, je l'avoue, constater d'un peu plus loin la véhémence et la sonorité.

Nous passâmes la première nuit à Godsche, qui n'est guère qu'à quatre lieues de Khiva.

Cet endroit, bien que très peu important, possède cependant son *kalenterchane* (caravansérail affecté spécialement à l'usage des derviches). Il n'est pas dans tout le khanat une bourgade, si petite soit-elle, qui ne possède le sien.

De Godsche à Khanka, nous traversâmes une suite non interrompue de champs cultivés. Tout le long de la route se trouvaient des mûriers magnifiques, dont les fruits exquis atteignaient presque la grosseur du pouce ; et comme mon âne, toujours alerte, avait, comme la veille, pris une avance sur la caravane, je pouvais à loisir savourer des mûres.

Toujours à l'avant-garde, j'entrai le premier à Khanka, où se tenait précisément la foire hebdomadaire. Je ne mis pied à terre qu'au kalenterchane, situé à l'extrémité de la ville, petite du reste, près d'un ruisseau bordé d'ormes et de peupliers.

J'y trouvai deux derviches à moitié nus, en train d'avaler la dose d'opium qui tous les jours précédait leur méridienne. Ils m'en offrirent une bonne pincée, que je refusai, à leur grande stupéfaction. Sur ma prière ils me firent du thé ; pendant que je le buvais, ils absorbèrent leur affreux ingrédient. Une demi-heure après, tous deux étaient partis pour le pays des songes.

Il faut dire que le poison agissait différemment sur leur organisme. Tandis que l'un semblait plongé dans une profonde béatitude, l'autre paraissait en proie à un affreux cauchemar, ses traits dénotaient une angoisse mortelle, et sa face subissait à chaque instant des contractions terribles.

J'aurais voulu attendre leur réveil pour entendre le récit de leurs rêves ; mais notre caravane avait, elle aussi, traversé la ville et venait de passer ; je dus me joindre à elle.

Quoique une heure à peine dût nous suffire pour atteindre les rives de l'Oxus, nous n'avions pas de temps à perdre si nous voulions le traverser avant la nuit.

Si le chemin que nous suivions était court,

par contre il était malheureusement hérissé de difficultés. Nous avions continuellement à franchir des marécages et des flaques d'eau ; embourbés à toute minute, nous n'arrivâmes au bord du fleuve que fort avant dans la nuit, et forcé nous fut de la passer à la belle étoile.

L'Oxus est si large en cet endroit, que l'œil porte à peine d'une rive à l'autre ; ce sont sans doute les pluies du printemps qui l'avaient ainsi grossi. Avec ses vagues jaunes et son courant rapide, il offrait un spectacle grandiose.

Sur le bord où nous nous trouvions, la berge, si loin que le regard peut la suivre, est couronnée d'arbres et de fermes. A l'autre bord, on aperçoit aussi des traces de culture. Au nord, les montagnes Oveis-Karayne, dont j'ai parlé plus haut, s'élèvent comme un immense nuage au-dessus de l'horizon.

L'eau de l'Oxus n'est pas aussi bonne à boire dans son lit principal que dans les petits bras, les canaux et les tranchées, où, le courant étant moins rapide, elle peut déposer au fond de son lit les détritus qu'elle entraîne. L'eau du fleuve nous craquait en effet sous la dent, comme si nous avions mordu dans du sable, et on ne pouvait la boire qu'après l'avoir laissée reposer pendant quelques instants.

Les habitants du Turkestan disent que, pour

son bon goût et sa douceur, l'eau de l'Oxus n'a point de rivale, et que celle du Nil-i-Moubarek (du Nil-Béni), pas plus que celle d'aucun autre fleuve, ne saurait même lui être comparée. Je crus d'abord que ces qualités provenaient surtout de la joie qu'éprouve le voyageur, au sortir du désert, de boire enfin de l'eau fraîche, dont il a été privé pendant fort longtemps. Mes doutes n'étaient point fondés, et je dois reconnaître que je n'ai jamais trouvé dans un fleuve ou dans une source, soit en Europe, soit en Asie, une eau aussi délicieuse que celle de l'Oxus.

Le lendemain, de bonne heure, on fit les préparatifs nécessaires pour la traversée du fleuve. Mais une difficulté se présentait. Sur le fleuve aussi bien que sur les lacs et les canaux, l'État s'est arrogé un droit de propriété, et comme conséquence celui d'en taxer le passage. L'État sous-loue à des particuliers le droit de percevoir les taxes. Ce n'est pas tout ; on ne transporte d'un bord à l'autre que ceux qui présentent un *potek :* c'est un passeport délivré par le khan et dont chaque voyageur doit être muni.

Les hadjis avaient un passeport collectif; pour moi j'en avais obtenu un spécial, dont voici la teneur littérale :

« Les gardes des frontières et les collecteurs

de péages sont avertis que le présent permis a été délivré à Hadji-Mollah-Abduz-Reschid-Effendi. Personne ne doit l'inquiéter. »

Nous n'eûmes à subir aucune difficulté de la part de la police, mais il n'en fut pas de même avec les bateliers. Nous croyions, d'après le document que je viens de citer, qu'en notre qualité d'hadjis nous n'aurions rien à payer sur les bacs appartenant au khan. Ce n'était pas l'avis des bateliers. Cependant l'un des principaux d'entre eux finit par consentir à passer gratuitement sur l'autre rive nos effets et nos ânes. Il cédait sans doute plus à la crainte dè transgresser un ordre du khan qu'à une inspiration généreuse.

Le passage commença à dix heures du matin, et ce ne fut qu'au soleil couchant que nous nous trouvâmes réunis sur la côte escarpée qui s'étend à droite du canal Schurakhan.

Le fleuve proprement dit fut traversé en une demi-heure ; mais le courant nous avait entraînés si loin, qu'il nous fallut toute la journée pour remonter les petits bras qui nous séparaient du point d'atterrissage. Dans ces petits bras du fleuve, nous nous engravions presque régulièrement de dix en dix mètres dans des bancs de sable. Pour dégager le bateau, il nous fallait tous descendre, bêtes et gens, pour y remonter quand nous étions parvenus à le remettre à flot.

Cette opération se renouvela plus de vingt fois, et cette tâche ingrate, nous l'accomplissions en plein soleil par une chaleur des plus intenses.

C'était une affaire vraiment terrible, un travail d'enfer que de faire débarquer nos ânes. Quelques-uns surtout, plus entêtés que les autres, et qu'il fallait arracher de force du bateau, nous réduisaient à la dure extrémité de les prendre à bras-le-corps et de les porter comme des enfants.

Je ris encore au souvenir de la mine que faisait l'hadji Jacub avec ses longues jambes, quand je le vis les épaules chargées de son tout petit âne, qui, tremblant et effaré, cherchait à cacher sa tête derrière le cou du mendiant.

Nous fûmes contraints de rester toute une journée sur le rivage, près de Schurakhan, à attendre que le dernier chameau fût passé.

Le 29 juin nous pûmes enfin continuer notre route. Nous traversâmes d'abord une contrée habitée par des Uzbegs et nommée Japkenary (Rives du canal), parce qu'elle est coupée en tous sens de canaux d'irrigation. Le Japkenary forme une oasis assez bien cultivée de seize lieues de long et de dix à douze lieues de large. Après l'avoir traversée on arrive au désert, dont le bord est désigné sous le nom d'*akkamich*. Cette akkamich, habitée par des Kirghiz, est riche en excellents pâturages.

Pendant que la caravane continuait lentement son chemin, le kervanbachi, deux autres de nos compagnons et moi, qui pouvions compter sur la vigueur de nos ânes et même leur rapidité, nous fîmes un léger détour pour nous rendre à Schurakhan, où c'était jour de marché. Nous alléguâmes le prétexte de renouveler nos provisions ; mais, en réalité, nous avions simplement l'intention de nous distraire.

Schurakhan, dont un bon mur de terre forme l'unique enceinte, ne renferme que peu de maisons habitables; mais, en revanche, on y trouve trois cent vingt boutiques, d'assez chétive apparence, il est vrai, qui servent de magasins aux marchands nomades et à ceux des environs qui viennent s'y installer deux fois par semaine.

Cette ville appartenait à l'émir Ul-Uméra, le frère aîné du khan, qui possède ici un grand et beau jardin.

Je laissai mes compagnons terminer leurs achats, et je me rendis au kalenterchane, qui était situé devant l'unique porte de la ville.

Je trouvai là plusieurs derviches pâles et décharnés, passés à l'état de véritables squelettes par l'abus fatal de l'opium. Cet opium, qu'ils appellent *beng*, n'est autre chose que le *bhang* des Indous, un extrait de chanvre pareil au hachisch. Les derviches étaient étendus au milieu de leur sombre cellule, sur la paille humide, dans un état qui faisait peine à voir.

A mon entrée ils me souhaitèrent la bienvenue et me firent apporter du pain et des fruits. Je voulais leur donner de l'argent en échange, mais ils le refusèrent en riant, m'affirmant que plusieurs d'entre eux n'avaient pas vu de monnaie depuis vingt ans.

Les habitants de la contrée pourvoient à tous les besoins de leurs derviches; j'en eus la preuve le jour même.

Je prenais le frugal repas que je devais à l'hospitalité de mes collègues, quand il se présenta devant le kalenterchane un cavalier uzbeg de bonne mine, richement vêtu et magnifiquement monté. Il apportait des provisions, en échange desquelles il recevait un *tchilini* chargé de son poison favori.

Le beng est le narcotique préféré de ces pays; on le trouve surtout à Khiva. Beaucoup en prennent pour éluder les prescriptions du Coran, qui défend l'usage du vin et des spiritueux.

Toute infraction à ces prescriptions est punie de mort.

Comme il se faisait tard, je me mis à la recherche de mes compagnons. Ce ne fut pas sans peine que je parvins à me frayer un passage au milieu de la foule affairée pour arriver jusqu'au marché.

Acheteurs et vendeurs, tout le monde est à cheval. Rien de plus étrange que le spectacle offert par les femmes kirghiz, qui, assises sur leur selle, élèvent jusqu'au niveau des lèvres de leurs clients le goulot de grandes outres pleines de *kimis* (boisson faite avec du lait fermenté de chamelle ou de jument), et administraient à chacun la ration demandée. L'adresse des deux parts est telle, que jamais une seule goutte de la précieuse liqueur n'est perdue.

Une fois retrouvés, nous nous mîmes en devoir de rejoindre la caravane, et nous courûmes sur ses traces; elle avait cinq lieues d'avance sur nous.

Il faisait une chaleur accablante; mais, par bonheur et bien que la contrée fût sablonneuse, de temps en temps nous tombions sur quelque groupe de tentes kirghiz. Je n'avais qu'à m'approcher de l'une d'elles pour voir en sortir aussitôt plusieurs femmes munies de leurs outres et se disputant à qui me donnerait à boire.

7*

Désaltérer, pendant la saison chaude, le voyageur qui passe est le premier devoir imposé par les coutumes hospitalières des Kirghiz : c'est même les obliger que de leur fournir l'occasion de remplir cette pieuse prescription.

La caravane nous attendait avec la plus grande impatience ; elle était d'ailleurs toute prête à partir, car dorénavant nous ne devions plus marcher que de nuit, à notre grand soulagement et au non moins grand soulagement de nos bêtes.

Immédiatement après notre arrivée le convoi se mit en marche. C'était un spectacle vraiment beau que celui de la caravane déroulant sa file sinueuse sous les clartés de la lune, tandis qu'à notre droite les eaux de l'Oxus coulaient avec un bruit monotone, et qu'à notre gauche s'étendait jusque par delà l'horizon l'effrayant désert de la Tartarie.

Le lendemain matin nous posions notre camp sur une éminence au bord du fleuve, dans un district qui porte le nom de Tojebojul, ce qui veut dire *Dos de chameau,* probablement à cause des saillies, des reliefs inégaux que présente cette partie du rivage.

Chaque année les Kirghiz font dans ce territoire un séjour de plusieurs mois. Dans l'espace de dix heures, je vis venir tour à tour s'installer auprès de nous jusqu'à trois familles de cette race nomade; mais à peine leur curiosité

Campement de Kirghiz.

satisfaite elles levaient le camp et passaient leur chemin. Rien ne pouvait me donner une idée plus juste de leur manière de vivre.

Une femme kirghiz avec qui je causais un

jour et que je questionnais sur les motifs de cette instabilité perpétuelle, me dit en riant :

« Nous ne sommes pas aussi paresseux que vous autres mollahs, qui restez des journées entières assis à la même place. L'homme est fait pour se mouvoir; vois le soleil, les étoiles, les poissons, l'eau : tout se meut; la mort seule et la terre sont immobiles. »

J'allais répondre à ces maximes de philosophie vagabonde lorsque les cris : *Buri ! buri !* (au loup! au loup!) se firent entendre tout à coup. La femme kirghiz partit rapide comme l'éclair, et se précipita vers son troupeau qui broutait l'herbe dans le voisinage. Par ses clameurs elle effraya le loup, qui s'enfuit emportant dans sa gueule la queue d'un des plus gros moutons, qu'il avait choisi pour sa proie.

A son retour je fus bien tenté de lui demander ce qu'elle pensait aussi de la « mobilité du loup »; mais j'eus pitié du chagrin qu'elle éprouvait à cause de la mutilation de son mouton, et je rejoignis la caravane.

Nous repartîmes avant le coucher du soleil et continuâmes à marcher dans le voisinage du fleuve, dont les rives sont bordées de prairies couvertes de hautes herbes et de buissons.

Bien que la route entre Khiva et Bokhara

passe pour être très fréquentée, nous n'avions encore rencontré que des gardes des frontières et des nomades errants, mais pas un seul voyageur; nous fûmes donc très étonnés lorsque, vers minuit, nous vîmes arriver sur nous cinq cavaliers lancés au galop.

C'étaient des marchands venus de Bokhara jusqu'ici, en passant par Krakel, dans l'espace de quatre jours.

Ils nous rassurèrent sur notre route, nous affirmant qu'elle était des plus sûres et n'offrait pour le moment aucun danger, et nous annoncèrent que nous rencontrerions, le surlendemain, leur caravane restée en arrière.

En partant de Khiva nous avions été informés que les Turcomans Tecks, profitant de l'absence de l'émir et de son armée, infestaient les environs de Bokhara. Notre kervanbachi n'était pas sans éprouver de secrètes inquiétudes, quoiqu'il affectât la sécurité la plus complète.

Tranquillisés par ce que nous avaient dit les marchands, nous espérions pouvoir atteindre le but de notre voyage en six à huit jours, sur lesquels nous devions en passer deux dans le désert, entre l'Oxus et Krakel.

Le lendemain matin nous nous arrêtâmes près de Kumuklu, ancienne forteresse aujourd'hui démantelée, située sur une petite colline au pied de laquelle coule l'Oxus, et qui est couverte d'une luxuriante et fraîche végétation.

De là part un chemin qui va vers le nord-est, à travers le désert de sable de Chalasa-Tscholu, autrement dit Dschan-Batirdigan (Destruction de la vie). En hiver il y tombe beaucoup de neige. C'est à ce moment surtout que cette route est fréquentée par ceux qui se rendent à Bokhara, car celle de Krakel est rendue dangereuse par le voisinage des Turcomans. L'Oxus étant gelé à cette époque de l'année, ils peuvent, en effet, circuler librement dans toute la contrée.

La chaleur devenait chaque jour de plus en plus intense, sans que cependant nous eussions trop à en souffrir. Voyageant la nuit, nous passions toute la journée au bord d'un grand fleuve rempli d'eau douce; nous y étions d'autant plus heureux de notre sort actuel, que nous nous rappelions ce que nous avions souffert à Kahriman-Ata et ailleurs, dans le vaste désert qui sépare Geumuchtepe de Khiva. Aux agréables réflexions que nous faisions allaient succéder de cruelles inquiétudes. Nous fûmes menacés par des aventuriers turcomans de mortels dangers, auxquels nous n'échappâmes que par un heureux hasard.

Nous étions au 4 juillet.

Le jour allait paraître lorsque nous rencontrâmes deux hommes à moitié nus, qui, d'aussi loin qu'ils nous virent, hélèrent la caravane. Dès qu'ils l'eurent rejointe, ils tombèrent exténués à nos pieds, en nous demandant du pain. Je m'empressai d'en donner à ces malheureux quelques morceaux enduits de graisse de mouton. Ils les avalèrent avec une extrême voracité.

Quand leur faim se fut un peu calmée, ces pauvres diables nous apprirent qu'ils étaient d'Hezarep et exerçaient le métier de bateleurs. Un parti teck les avait surpris, leur avait enlevé leur barque et les avait dépouillés de leurs vêtements et de leur pain, épargnant à grand'peine leur vie. Les brigands, au nombre de cent cinquante, se proposaient de faire une razzia sur les troupeaux des Kirghiz. « Au nom de Dieu! nous dirent-ils, fuyez ou cachez-vous, sinon vous les rencontrerez d'ici à quelques heures, et votre qualité de pèlerins ne vous mettra pas à l'abri de leurs rapines; ils vous laisseront comme nous tous nus dans le désert, après vous avoir pris vos bêtes et vos vivres, car les *kafirs* (mécréants) Tecks sont capables de tout. »

Notre kervanbachi, qui deux fois déjà avait été volé par eux et n'avait pu sauver sa vie que difficilement, n'en entendit pas davantage; il se hâta de nous faire tourner bride et de battre en retraite aussi rapidement que le permettaient nos chameaux surchargés de bagages.

C'eût été folie que de songer à échapper par la fuite, avec tout notre attirail, à des Turcomans montés sur d'excellents chevaux; mais, d'après nos calculs, les cent cinquante cavaliers devaient mettre toute la matinée à effectuer la traversée du fleuve.

Or, tandis qu'ils gagneraient la route, nous avions la chance d'atteindre Tumuklu et de pouvoir remplir nos outres, avant de nous enfoncer dans le désert de Chalata, où nous espérions être en sûreté.

Ce fut au prix d'efforts inouïs que nous arrivâmes à Tumuklu, avec nos bêtes haletantes et épuisées. Malgré tout il fallut leur laisser prendre quelque repos et brouter, sans quoi il nous eût été impossible de faire notre première étape dans les sables du désert.

Pleins d'anxiété, nous dûmes, par conséquent, passer encore à Tumuklu trois mortelles heures. Le marchand d'habits de Khiva, qui avait été déjà souvent dépouillé par des Turcomans, conseilla aux hadjis, d'ailleurs très peu braves, de se cacher sous les taillis de la berge au lieu de se risquer dans le désert à l'époque du *sacratan* (canicule).

S'engager dans le désert, disait-il, c'était s'exposer à une mort terrible, à la mort par la soif ou par le *tebbak* (vent brûlant de l'est).

Il nous fit un tableau si noir des dangers à courir, que plusieurs de nos compagnons nous quittèrent.

A ce moment un bateau vide vint à passer sur le fleuve; à notre vue les bateliers s'approchèrent du rivage et nous proposèrent de nous ramener à Hezarep.

Après quelques minutes d'hésitation, le plus grand nombre opta pour ce dernier parti, et bientôt nous ne fûmes plus que quatorze qui acceptâmes de suivre le plan du kervanbachi.

Ce fut l'heure critique de mon voyage.

Retourner à Khiva eût ruiné tous mes plans. Du reste les chances de mort étaient partout les mêmes. Mieux valait être victime, me disais-je, dans le désert, de la fureur des éléments, que de périr dans les tortures infligées par un despote.

Je restai donc avec le kervanbachi, ainsi qu'Hadji-Salih et Hadji-Bilal.

La scène de séparation fut douloureuse.

Déjà le petit bateau allait s'éloigner du bord, lorsque ceux qui s'y trouvaient proposèrent de décider par un *fal* (pronostic) la question qui nous divisait. Le fal consiste à ouvrir le Coran au hasard et à lire autant de versets que chacun a reçu de pierres dans un tirage au sort. On note tous les passages qui se rapportent à la situation, et on se décide d'après le sens de ces passages.

On tira les pierres, et bientôt Hadji-Salih, expert en ces matières, déclara que l'oracle présageait un heureux voyage. Aussitôt les dissidents quittèrent le bateau et revinrent auprès de nous.

Maintenant que tout était prêt, on se hâta de partir pour éviter de nouvelles hésitations : le soleil n'avait pas encore disparu de l'horizon, que nous nous éloignions déjà des ruines de Tumuklu dans la direction de Chalata.

On peut aisément se figurer les angoisses de mes compagnons et les miennes, nous qui connaissions l'épouvantable désert.

C'était pendant la saison favorable, en mai, que nous avions fait le voyage de Geumuchtepe à Khiva; cette fois nous étions en juillet.

Nous avions alors la ressource de quelques dépôts formés par les eaux pluviales, tandis qu'aujourd'hui nous ne pouvions même pas compter sur la moindre source.

Nous jetions des regards pleins de regret sur

l'Oxus, dont chaque pas nous séparait de plus en plus. Illuminé par les derniers rayons du soleil couchant, le fleuve était splendide. Les chameaux mêmes, qui avaient pourtant bu à loisir avant le départ, tournaient aussi vers le fleuve des regards attristés.

Quelques étoiles brillaient dans le ciel quand nous nous trouvâmes au seuil du désert.

Nous observions le plus grand silence, pour que les Turcomans, qui probablement n'étaient pas bien loin, ne pussent deviner notre présence; nous profitions de l'obscurité, car la lune n'était pas encore levée.

Le sol poudreux et mou amortissait le bruit des pas de nos bêtes, et nous ne craignions que les ânes, dont la voix formidable, éclatant tout à coup au milieu du silence nocturne, pouvait à chaque instant nous trahir.

Je ris encore au souvenir des moyens énergiques employés pour empêcher ces pauvres animaux d'ouvrir la bouche et d'entamer avec leurs collègues un concert aussi bruyant que cacophonique.

Vers minuit nous atteignîmes un terrain recouvert d'une couche de sable tellement fin, que tout le monde fut obligé de mettre pied à terre; les ânes et les chameaux enfonçaient jusqu'aux genoux dans un sable de plus en plus ténu.

Cette espèce de poussière formait une chaîne ininterrompue de petits monticules sablonneux.

Au milieu de la fraîcheur de la nuit je pouvais encore supporter cette marche fatigante dans le sable; mais, vers le matin, je sentis que ma main, à force d'appuyer sur le bâton, commençait à enfler; je chargeai mes effets sur l'âne, et je montai sur le chameau. Il n'avançait qu'en soufflant péniblement, mais il pouvait encore mieux marcher que moi, pauvre boiteux, sur ce terrain friable et mouvant.

Notre station matinale (5 juillet) portait le nom charmant d'Adam-Kyrylgan, c'est-à-dire lieu où périssent les hommes. On n'avait qu'à jeter un regard vers l'horizon pour comprendre que cette dénomination n'était pas usurpée.

Qu'on se figure, aussi loin que la vue peut s'étendre, un océan de sable qui tantôt, fouetté par le vent, forme de hautes vagues sablonneuses, et tantôt, redevenu calme, représente assez bien le niveau d'un lac tranquille, ridé à peine par une légère brise. Dans l'air, pas un oiseau; pas un insecte, pas un être vivant sur la terre. Nuls vestiges que les ossements des hommes et des animaux qui ont péri dans ces plaines désolées!

Les voyageurs ont réuni ces ossements en tas, et ils servent de jalons à la marche des voyageurs.

Il est à peine nécessaire d'ajouter que nous n'avions plus à craindre les Turcomans ; il n'y a pas de cheval au monde qui puisse fournir une étape sur un pareil terrain. Quant aux éléments, les Orientaux les redoutent peu. Cependant la morne physionomie de mes compagnons dénotait l'attente d'autres dangers.

Selon le programme du kervanbachi, nous avions en tout, de Tumuklu à Bokhara, six journées de route, dont moitié dans le sable et moitié sur la terre ferme, où nous devions rencontrer de distance en distance quelques herbages fréquentés, dans cette saison, par des bergers.

D'après nos calculs, l'eau nous conduirait jusque vers la fin du cinquième jour ; nous n'aurions par conséquent qu'une journée à souffrir de la soif.

Cependant, dès la première étape, je remarquai que l'eau de l'Oxus pouvait bien tromper nos prévisions.

La chaleur du soleil activait l'évaporation du liquide, et notre provision diminuait avec une effrayante rapidité.

Je pris toutes les précautions possibles pour

garantir mon outre, et bientôt tout le monde en fit autant.

Malgré l'horreur de notre situation, il m'arriva parfois de sourire en voyant quelques-uns de mes compagnons, même pendant leur sommeil, presser leur outre dans leurs bras, comme pour la soustraire aux rayons d'un soleil implacable.

En dépit de la chaleur accablante, nous étions obligés de faire des marches de cinq et six heures le jour comme la nuit. Plus vite nous sortirions du désert de sable, et moins nous aurions à redouter le mortel *tebbad*, c'est-à-dire le vent de fièvre.

Dans la plaine, ce vent n'aurait eu pour nous que l'inconvénient de nous donner la fièvre; mais ici, dans le désert, c'était fatalement la mort. Par suite de ces marches forcées, les pauvres chameaux étaient exténués; le voyage des nuits précédentes les avait déjà rendus, la chaleur intolérable du désert allait les achever.

A la halte d'aujourd'hui, 6 juillet, deux sont morts. Cette halte s'appelle Schorkutuk, ce qui signifie « Fontaine salée ». Il y avait en cet endroit une fontaine où pouvaient s'abreuver les bêtes; malheureusement les ouragans l'avaient comblée, et il eût fallu une journée de fouilles avant de rencontrer l'eau.

Abstraction faite du tebbad, la chaleur de ces trois jours avait été tellement insupportable, que nous étions à bout de forces.

Deux de nos camarades, qui avaient bu toute leur eau, et qui étaient obligés de marcher à côté de leurs animaux devenus trop faibles, tombèrent si malades, que nous dûmes les attacher à plat ventre sur leurs chameaux, vu qu'il leur était impossible de se tenir assis.

On les avait soigneusement abrités; et aussi longtemps qu'ils en eurent la force, ils murmurèrent sans interruption cette plainte : « De l'eau! de l'eau! »

Hélas! leurs meilleurs amis eux-mêmes leur refusaient impitoyablement la goutte d'eau qui les eût sauvés !

Le troisième jour (7 juillet), lorsque nous atteignîmes Medemin-Bulag (source de Medemin), la mort délivra l'un des deux malheureux de l'épouvantable torture qu'il endurait.

J'assistai à l'agonie de ce pauvre diable; il avait la langue complètement noire et le palais d'un bleu grisâtre, mais les traits n'étaient pas très décomposés ; ses lèvres s'étaient parcheminées en se contractant, sa bouche était béante, ses dents à nu.

J'ai peine à croire qu'au point de dépérissement où il était arrivé, un peu d'eau eût réussi à le sauver.

Qui, d'ailleurs, lui en eût donné?

C'est une chose horrible à voir que le père cachant à son fils, le frère à son frère, les quelques gouttes d'eau qui lui restent, car chaque goutte représente une heure de vie!

Sacrifice, dévouement, grandeur d'âme, toutes les vertus que montre l'homme dans les diverses circonstances de la vie, disparaissent complètement dans les angoisses de la soif.

Après trois jours passés dans le désert de sable, nous devions, nous avait-on dit, arriver sur la terre ferme, et apercevoir au nord les montagnes de Khalata.

Malheureusement nous avions dérivé de notre route, les bêtes ne voulaient plus avancer, et nous dûmes passer une quatrième journée dans les sables.

J'avais encore dans ma bouteille de cuir la valeur d'environ six verres d'eau; n'en prenant que par gouttes, je souffrais de la plus épouvantable des soifs.

A mon grand effroi, je m'aperçus à un moment donné que le milieu de ma langue commençait à noircir; immédiatement je bus la moitié de mon eau en une seule fois, croyant ainsi me guérir.

Mais il en résulta seulement un soulagement passager ; l'inflammation, accompagnée de maux de tête, augmenta de plus en plus.

Le matin du cinquième jour, 9 juillet, vers midi, nous aperçûmes enfin, pareilles à un nuage suspendu sur l'horizon, les montagnes de Khalata.

Je sentais mes forces diminuer à chaque instant. Cependant la couche de sable s'amincissait peu à peu, et déjà nous croyions distinguer dans le lointain des troupeaux et des huttes de bergers ; tout à coup le kervanbachi et ses gens remarquèrent un nuage de poussière arrivant sur nous à toute vitesse.

A cette vue le guide nous fit vivement descendre de nos chameaux.

Par instinct, nos bêtes avaient tout de suite reconnu l'approche du terrible tebbad ; ânes et chameaux se mirent à crier désespérément ; ils se couchèrent, allongèrent leur cou sur le sol, et cherchèrent à cacher leur tête dans le sable.

Nous profitâmes de la position qu'ils avaient prise pour nous faire un rempart de leurs corps ; à peine étions-nous derrière cet abri, que le vent passa sur nous avec un gémissement sourd et en répandant sur nos corps une couche de sable de deux doigts d'épaisseur; les premiers grains de ce sable nous brûlèrent comme une pluie d'étincelles. Si le tebbad nous avait surpris dix ou douze lieues plus en arrière dans le désert, pas un de nous n'aurait échappé à la mort.

La fièvre et les vomissements furent la conséquence du passage de ce terrible vent, qui laisse derrière lui l'atmosphère plus lourde et plus écrasante qu'auparavant.

A la dernière limite des sables partent trois chemins. L'un, de quarante-quatre lieues, passe par Karakeul; l'autre, de trente-six lieues, traverse la plaine jusqu'à Bokhara; et le troisième, de quarante lieues, conduit par la montagne, où le voyageur trouve de l'eau; mais les sentiers abruptes frayés entre les rochers sont impraticables pour les chameaux.

Nous choisîmes, ainsi qu'il avait été arrêté d'avance, la voie la plus directe, d'autant plus que nous avions l'espoir de trouver un peu d'eau chez les bergers.

Vers le soir, nous rencontrâmes une source; seulement elle n'avait pas encore, cette année-là, été visitée par les bergers. L'eau n'était pas potable pour des hommes, mais nos bêtes s'y rafraîchirent.

Nous étions tous à moitié morts; seul l'espoir de la délivrance nous soutenait encore.

Je n'étais plus en état de descendre sans aide de chameau. On me coucha par terre. Un feu dévorant brûlait mes entrailles, et le mal de tête me donnait le vertige.

Ma plume est impuissante à décrire le martyre que cause la soif.

Quoique j'aie dans le danger un certain courage, je me sentais cette fois tout à fait abattu, et je pensais que cette soirée serait la dernière de ma vie.

Vers minuit le convoi se remit en marche.

Je m'endormis, et, lorsque je me réveillai, le 10 juillet, je me trouvai dans une hutte construite avec de la terre. Des hommes à longue barbe, que je reconnus immédiatement pour des enfants de l'Iran, m'entouraient.

Ils me dirent : *Schuma ki hadji nistid!* (Vous n'êtes certainement pas un hadji!) Ma faiblesse était encore trop grande pour me permettre de répondre.

On me fit d'abord avaler une boisson chaude et un peu après un mélange de lait aigre, d'eau et de sel appelé *airan*. Ce breuvage me restaura et me mit bientôt sur pied.

Je compris alors que les hommes qui me soignaient étaient des esclaves persans que leurs maîtres envoient garder les moutons, en plein désert, jusqu'à vingt lieues de Bokhara.

L'eau et le pain leur sont mesurés strictement, afin qu'ils ne soient pas tentés, par l'abondance des provisions, de prendre la fuite à travers le désert.

Ces pauvres captifs avaient cependant assez de générosité pour donner de leur eau à leurs ennemis mortels les mollahs sunnites. Ils me comblèrent de prévenances lorsqu'ils m'entendirent m'exprimer dans leur langue maternelle. Il est vrai qu'on parle aussi persan à Bokhara, mais on se sert d'un patois qui diffère beaucoup de la langue mère.

Parmi eux se trouvait un petit esclave, un enfant de cinq ans, très gentil et très éveillé, dont la vue me toucha profondément.

Il avait été fait prisonnier et vendu avec son père deux ans auparavant. Lorsque je lui demandai des renseignements sur ce dernier, il me répondit gaiement : « Mon père s'est racheté, et je n'ai plus que deux ans à rester esclave, car mon père aura alors l'argent nécessaire pour ma délivrance. »

Le pauvre enfant n'avait que quelques guenilles pour couvrir son faible corps, et sa peau avait la dureté et la couleur du cuir; je lui donnai un de mes vêtements pour qu'il pût l'adapter à sa taille.

Les généreux Persans nous donnèrent encore un peu d'eau pour la route. Je les quittai, profondément ému de pitié et de reconnaissance.

Nous nous dirigeâmes vers Chodscha-Oban, l'étape prochaine. C'est un lieu de pèlerinage où se trouve le tombeau du saint dont la halte porte le nom.

Cela nous détournait un peu de notre route, mais notre qualité d'hadjis nous imposait en quelque sorte une visite à ce tombeau.

Malheureusement, au grand désespoir de mes compagnons, nous nous égarâmes pendant la nuit. Nous errâmes longtemps parmi les collines de sable qui bordent le désert, et au milieu desquelles se trouve, comme un oasis, Chodscha-Oban.

Ce fut le matin seulement, le 11 juillet, que nous arrivâmes enfin sur les bords du lac d'eau douce qui avoisine le pèlerinage.

Ici finissait le désert ; maintenant nous n'avions plus à craindre de mourir de soif ; nous étions aussi à l'abri des pillards nomades et hors de l'atteinte des tempêtes de sable.

Nous étions à la frontière proprement dite de Bokhara.

Après une marche de quelques heures, nous arrivâmes à Chakemir, village où habitait le kervanbachi.

Nous étions déjà dans un pays assez bien cultivé. Toute la contrée était traversée par des canaux alimentés par la rivière Karasu ; l'eau n'en est potable qu'au printemps et dans les premiers mois de l'été ; cette eau devient salée à mesure que l'année s'avance.

On compte à peu près deux cents maisons à Chakemir.

Quoique ce village ne soit qu'à deux lieues de Bokhara, nous fûmes obligés d'y passer la nuit, afin que, selon l'usage, le collecteur des taxes (*baschgir*) et le rapporteur (*wakaninvis*) pussent annoncer notre arrivée.

La visite des bagages et autres formalités administratives doivent avoir lieu hors de la ville.

Le même jour encore on envoya un messager, et le lendemain, de très bonne heure, arrivèrent trois officiers de l'émir.

Ils avaient cet air important qui caractérise les bureaucrates de tout pays. Ils voulurent nous faire payer des droits et surtout avoir des nouvelles des contrées que nous venions de traverser.

Ils commencèrent par inspecter les bagages. Les hadjis avaient dans leurs sacs des grains sacrés de la Mecque, des dattes de Médine, des peignes de Bagdad, des tuyaux de plume de Perse, des couteaux, des ciseaux, des dés et des petits miroirs du Frenghistan.

Mes compagnons se tuaient de dire que l'émir de Bokhara (que Dieu le fasse vivre cent vingt ans!) ne percevrait jamais de droits d'entrée sur les objets appartenant à de pieux pèlerins; un des officiers n'en nota pas moins minutieusement chaque article.

Je fus le dernier dont on inspecta les bagages.

Lorsque l'agent des douanes me regarda, il se mit à rire et me dit d'ouvrir mes malles, car je devais posséder de belles choses. Certainement il me reconnaissait pour un Européen.

Je demandai en plaisantant au rusé Bokhariote s'il voulait d'abord procéder par l'inspection de mes meubles ou de mes propriétés immobilières.

Comme il voulut tout voir à la fois, j'allai chercher mon âne dans la cour, je lui fis monter l'escalier, je l'amenai sur le tapis de la chambre et le présentai au douanier, au milieu des éclats de rire de mes compagnons; j'ouvris ensuite mon sac et je lui montrai les quelques haillons et les vieux livres que je m'étais procurés à Khiva.

Le Bokhariote déçu regarda d'un œil scrutateur dans dans tous les coins, et demanda si véritablement je n'avais pas autre chose.

Hadji-Salih lui donna toutes les explications nécessaires sur mon état, mon caractère et le but de mon voyage. Il nota ces renseignements avec soin, et me regarda en hochant la tête.

Après la visite du chef des douanes, le wakanïnvis, c'est-à-dire le rapporteur, se mit à opérer à son tour.

Il inscrivit d'abord les noms, puis prit tous les signalements des voyageurs; enfin il nota tous les détails que nous pouvions lui donner.

Il nous questionna particulièrement sur le Khanat de Khiva, pays allié de Bokhara. Cet interrogatoire au sujet d'un peuple voisin, de même origine, partageant la même religion, parlant la même langue et dont la capitale n'est qu'à quelques jours de marche, était puéril et ridicule.

Tout était enfin réglé; mais on n'était pas encore tombé d'accord sur le quartier de la capitale où nous devions établir notre résidence.

Le collecteur proposait l'entrepôt des douanes, parce qu'il espérait me faire parler et en apprendre davantage sur mon compte.

Hadji-Salih, qui jouissait d'une grande influence à Bokhara et qui, pour cette raison, crut bon de prendre la parole en notre nom à tous, insista pour nous faire loger dans le *tekkie*[1].

Sans attendre que la question fût tranchée, nous quittâmes immédiatement Chakemir.

Nous avions à peine voyagé pendant une demi-heure dans une belle région sillonnée de champs et de jardins, que nous aperçûmes Bokhara-Scherif (la noble Bokhara), comme on l'appelle ici.

Des tours massives, presque toutes surmontées d'un nid de cigognes, donnent à la ville un aspect étrange.

Après une heure et demie de marche, nous étions au sud de Bokhara, et nous traversions le Seref-Schan. Ce fleuve est guéable pour les chevaux et les chameaux, quoique le courant soit assez fort.

Sur l'autre rive, on voyait encore la tête d'un pont de pierre, tout près des ruines d'un antique palais. L'un et l'autre avaient été bâtis autrefois par le célèbre Abdullah-Khan-Scheibani.

Dans les environs de la capitale de l'Asie centrale, il n'y a que très peu de vestiges de son ancienne grandeur.

---

[1] Espèce de couvent spécialement destiné au logement des pèlerins.

X

Bokhara. — Le grand séminaire de l'Islam. — Marché. — Bazar et magasins. — Echoppes à thé. — Spectacle en plein vent. — On m'espionne. — Bazar de librairie. — Cuisine tartare. — La chaleur et le *rischte* qu'elle engendre. — Régime des eaux. — Religion et pratiques tartares. — Le marché aux esclaves. — Projet de départ.

Nous prîmes à l'est, vers le Dervase-Imam, que nous ne franchîmes pas, car, pour nous rendre à notre tekkie situé au nord-est, il eût fallu se frayer un chemin à travers la foule qui se presse dans le bazar.

Nous suivîmes le mur d'enceinte percé d'énormes brèches, et le 12 juillet nous entrâmes dans le tekkie par la porte Dervasei-Mesar.

Le couvent affecte la forme d'un quadrilatère régulier, et contient quarante-huit cellules, ouvrant sur une cour plantée d'arbres magnifiques.

Le *chalfa,* ou supérieur actuel, est un petit-fils du fameux Chalfa-Kusein, renommé pour la sainteté de sa vie. Il a donné son nom au tekkie. Sa famille jouit encore d'une très grande estime dans le pays. Aussi son descendant est-il *imam* et *chatib* de l'émir, c'est-à-dire chapelain de la cour.

Hadji-Salih avait été *mürid,* c'est-à-dire élève de Chalfa-Kusein, et, en cette qualité, on le regardait comme un membre de sa famille. Le supérieur nous fit, à moi et quelques-uns de mes compagnons, l'accueil le plus cordial.

Le révérend abbé était un homme de manières courtoises et à l'extérieur agréable, coiffé d'un turban blanc comme la neige, et portant un vêtement de soie fine qui lui allait très bien.

Après une conversation d'une demi-heure, aussi emphatique que possible, le brave homme me dit que sa joie eût été complète s'il avait pu me présenter au *Badewlet* (Sa Majesté l'émir, mot à mot le Bienheureux); malheureusement le souverain était absent de sa capitale.

La cellule qu'il m'assigna était de celles réservées aux hôtes que l'on veut particulièrement honorer. Elle était tout proche de la mosquée. J'avais pour voisins d'un côté un mollah très instruit, et de l'autre Hadji-Salih.

J'étais tombé, sans m'en douter, dans le foyer du fanatisme islamite. Si je réussissais à ne pas me trahir, je serais en parfaite sûreté; car aux portes du lieu où j'avais reçu asile s'arrêtait l'autorité de l'émir.

Le rapporteur avait annoncé mon arrivée comme un grand événement; le premier officier de l'émir, Bahmet-Bi, qui gouvernait pendant que son maître était au camp de Khokand, avait fait aussitôt interroger les hadjis sur mon compte; mais dans le tekkie on prenait d'ordinaire si peu de souci de toute enquête civile, qu'on ne m'en avait même pas parlé.

Mes associés répétaient à qui voulait les entendre : « Hadji-Reschid n'est pas seulement un bon musulman, c'est aussi un mollah instruit; tout soupçon contre lui est un péché mortel. »

Néanmoins on me donnait des avis utiles sur ce que je devais faire, et c'est à l'affection de mes amis que je dois d'avoir pu quitter Bokhará sans mauvaise aventure. Je n'ai pas à parler de la triste fin subie par les voyageurs qui m'avaient précédé dans cette ville, qu'on peut considérer comme la plus dangereuse de l'Asie centrale, non seulement pour l'Européen, mais pour l'étranger, quel qu'il soit. L'espionnage du gouvernement y est arrivé à un degré

Une Rue à Boukhara.

tel, qu'il n'a d'égal que l'avilissement de la population.

Le lendemain matin, j'allai, en compagnie d'Hadji-Salih et de quatre de mes compagnons, visiter la ville et le bazar; la pauvreté des rues et des maisons était au-dessous de ce que j'aurais pu prévoir. Bokhara est plus délabrée que les plus sordides quartiers des villes persanes.

La couche de poussière qui recouvrait tous les objets extérieurs achevait de me donner la plus piètre idée de la noble capitale. J'éprouvai pourtant une surprise agréable lorsque je me trouvai dans le bazar, au milieu de la foule remuante et affairée. Le bazar de Bokhara offre aux yeux de l'étranger un spectacle tout particulier et fort différent de celui des bazars de Téhéran, Taebriz et Ispahan, à cause de la variété des races et des costumes.

C'est le type de l'Iran qui domine partout. Les hommes portent un turban blanc ou bleu. Le premier désigne le gentilhomme et le mollah; l'autre, qui est très seyant, est porté par l'ouvrier, le marchand et les domestiques. Un turban bleu fait ressortir la physionomie énergique des Tartares; on le retrouve chez toutes les classes d'Uzbegs et jusque chez le sauvage Khirgiz.

Au milieu de cette foule, qui représente deux des principales races d'Asie, se trouvent dispersés quelques Hindous, qu'on nomme ici *Sultani,* et quelques Juifs, qui, comme signe distinctif, ont une sorte de bonnet polonais sur la tête et une corde autour des reins.

L'Hindou, avec son visage jaune repoussant et ses tatouages rouges sur le front, pourrait servir d'épouvantail aux oiseaux dans les grands champs de riz. Le Juif, aux traits nobles et réguliers, aux yeux presque toujours magnifiques, serait un excellent modèle pour nos artistes qui voudraient représenter l'homme dans toute sa mâle beauté.

On reconnaît aussi le Turcoman au feu de ses regards.

On ne rencontre que très peu d'Afghans à Bokhara. Vêtus d'une longue chemise d'une propreté douteuse, leurs grands cheveux tombant sur leurs dos encore plus sales, et un fichu jeté sur leurs épaules à la mode romaine, ils ont l'air de gens qui, surpris par un incendie, se sont enfuis de chez eux sans avoir eu le temps de se vêtir.

Ce mélange de Bokhariotes, de Khivites, de Khokandi, de Kirghiz, de Kiptschaks, de Turcomans, d'Hindous, de Juifs et d'Afghans se rencontre dans tous les principaux bazars de l'Asie.

On sait que le bruit et le mouvement caractérisent particulièrement les bazars de la Perse. Eh bien! je puis dire que les bazars persans ne peuvent même pas donner une idée du bazar de Bokhara.

Je ne m'écartais guère de mes compagnons, me bornant à jeter un regard rapide sur les boutiques, qui contiennent surtout des marchandises russes, des objets de quincaillerie fabriqués en Russie.

Chaque marque de fabrique européenne donne à l'étranger, dans ces villes lointaines, une sensation presque semblable à celle qu'on éprouverait à la rencontre d'un compatriote. Mon cœur battait à la vue de ces mots : « Manchester, Birmingham, » et je craignais de me trahir, rien qu'à la façon dont je les lisais. Il y a au bazar peu de marchands en gros. Le *Resti-Tschit-Fureschi* (endroit où le *tschit* (coton), est vendu) compte deux cent quatre-vingt-quatre boutiques; cependant le coton, le calicot et la percale sont encore débités dans d'autres quartiers de la ville.

Malgré ce grand nombre de débitants je puis hardiment affirmer que mes amis Hanhart et Cie, de Taebriz, débitent à eux seuls autant de ces articles que toute la ville de Bokhara, bien que cette dernière soit appelée, non sans raison, la capitale de l'Asie centrale.

Rien de plus intéressant pour l'étranger que de visiter la partie de Bokhara où se trouvent les produits de l'industrie indigène, par exemple, les étroites étoffes de coton tissé, rayé de deux couleurs; les soies, les unes fines et étoffées comme des toiles d'araignée, les autres épaisses; et les ouvrages en cuir travaillé et découpé avec une grande habileté.

Le cuir manufacturé, les objets de sellerie et de cordonnerie sont surtout remarquables. Les bottes d'hommes et de femmes sont assez habilement fabriquées; les premières ont des talons pointus se terminant en tête de clou; les bottines de femmes, bien qu'assez grossièrement travaillées, sont remarquables par les fines broderies de soie qui les enjolivent.

N'oublions pas le bazar des vêtements, composé d'une grande quantité de boutiques où sont étalés des habits aux couleurs claires et criardes.

L'Oriental, que l'on ne trouve qu'ici dans sa pureté native, aime le *tschachtschuch,* c'est-à-dire le chatoiement bruyant des étoffes neuves, et je m'amusais à voir le marchand endosser le *tschapan* neuf (vêtement) convoité par le client et se promener gravement devant ce dernier, pour lui permettre de juger de l'effet et d'admirer le frou-frou et l'éclat de l'étoffe.

Tout ce qui provient de l'industrie locale se vend à bas prix. Aussi le marché d'habits de Bokhara fournit des vêtements fashionables aux Chinois-Tartares.

Les Khirghiz, les Kapschak et les Kalmouks aiment à quitter le désert pour venir à Bokhara, et le sauvage Tartare aux yeux obliques et au menton saillant est enchanté lorsqu'il peut échanger son vêtement grossier de cuir contre un léger *yektey* (habit d'été). Pour les Asiatiques du centre, Bokhara a la même réputation que Paris chez les Européens; c'est la ville civilisée et élégante par excellence.

Après une flânerie de plus de trois heures, je priai mes compagnons et mon ami Hadji-Salih de nous laisser prendre un peu de repos.

Salih nous conduisit à travers le Timtsche-Tschay-Furuschi (bazar du thé) à la célèbre place Lebi-Haus-Divanbegi, c'est-à-dire sur le quai de l'étang du Divanbeg. Cette place est vraiment belle ; elle forme un carré assez régulier; au milieu se trouve un bassin de pierre très profond, de cent pieds de long et quatre-vingts de large; on y descend par huit marches. Ses bords sont ombragés d'ormes magnifiques, sous lesquels se dressent un certain nombre de baraques à thé; j'ai vu là des samovars de dimensions colossales, que Saint-Pétersbourg fabrique spécialement pour Bokhara. De ces immenses récipients se dégage un parfum de thé dont l'effet sur le promeneur est irrésistible.

Sur trois côtés de la place on vend, dans des échoppes volantes, protégées par des nattes de roseaux, des sucreries, du pain, des fruits, des mets froids et chauds placés sur des tréteaux. Autour de ces boutiques improvisées les gens affamés tournent comme des abeilles autour d'une ruche.

A l'ouest, le quatrième côté du parallélogramme affecte la forme d'une terrasse, où se trouve la mosquée Mesdschidi-Divanbegi. Sur le devant de cette mosquée il y a aussi des arbres, et là les derviches et les *meddahs* (conteurs) racontent en prose et en vers, avec la mimique la plus animée, les hauts faits des prophètes illustres et des combattants légendaires, et l'auditoire est toujours nombreux.

Lorsque j'arrivai sur la place il y avait justement une quinzaine de derviches de l'ordre des *Nakischbendi;* cette secte est originaire de Bokhara, où se trouve la maison principale.

Je n'oublierai jamais la manière dont ces fanatiques, coiffés de longs chapeaux coniques, les cheveux flottants, se démenaient et dansaient comme des possédés en hurlant en chœur un hymne dont leur chef à barbe grise leur chantait d'abord chaque strophe, et en agitant les longs bâtons dont ils étaient armés.

Mes yeux et mes oreilles étaient si attentifs que j'oubliai ma fatigue. Mes amis furent obligés de me conduire presque de force à une baraque à thé, et, lorsque l'odorant *tschiwin* fut versé, ils me demandèrent gaiement :

« Eh bien, comment trouvez-vous Bokhara-Scherif ?

— C'est une ville qui me plaît beaucoup, » répondis-je.

Ma réponse leur fit plaisir.

Le Khokandi qui nous accompagnait, bien que son pays fût en ce moment en guerre contre Bokhara, parut même charmé de ma réponse. Il me promit de me faire visiter en détail toutes les curiosités de la ville.

Quoique vêtu du costume strictement bokhariote, et bien que le soleil m'eût brûlé à un tel point que ma mère elle-même ne m'aurait pas reconnu, j'étais à chaque instant entouré d'une foule de curieux dont les poignées de mains et les embrassades ne laissaient pas que d'être fort désagréables. Mon énorme turban et le Coran de grand format qui pendait à mon cou me donnaient l'apparence d'un *ischan* ou d'un *cheik,* et provoquaient toutes ces marques de vénération trop touchantes. Je m'en consolais, il est vrai, en songeant que la sainteté de mon caractère apparent me protégeait contre les questions indiscrètes et purement mondaines. J'entendais, il est vrai, les curieux chuchoter autour de moi et demander à mes compagnons : « Quel grade religieux a-t-il ? Vient-il de Constantinople à Bokhara en pèlerinage pour honorer notre Babaed-Din (saint ascète, mort en 1388) ? Certes, nous allons nous-mêmes à la Mecque, bravant les périls et les fatigues d'une si longue route ; mais les saints hommes comme celui-ci passent toute leur vie en prières, en dévotions et en pèlerinages qui leur coûtent bien plus de peine qu'à nous le voyage de la Mecque. »

Bravo ! pensais-je à part moi, tu as bien deviné ! Et j'étais enchanté que mon incognito ne fût pas trahi à Bokhara.

Pendant tout le temps de mon séjour dans la capitale du Turkestan, le peuple, cependant très malin et très méchant, n'eut pas le moindre soupçon sur mon compte. On venait à moi pour recevoir ma bénédiction, on m'écoutait quand, sur la place publique, je lisais l'histoire du grand cheik de Bagdad, Abdul-Kader-Gilani. On ne me marchandait pas les louanges, mais on ne me fit jamais un cadeau. Quelle différence entre la sainteté affectée de ce peuple et la vraie dévotion, la réelle bienfaisance des Uzbegs de Khiva !

Le gouvernement était toutefois moins facile à tromper que le peuple.

Bahmet-Bi, l'officier dont nous avons déjà parlé, m'entoura d'espions.

Sous prétexte d'une visite amicale ils venaient chaque jour m'entretenir de mille sujets différents, mais ramenaient invariablement la conversation sur le Frenghistan, dans l'espérance qu'un mot quelconque, échappé dans le courant de l'entretien, finirait par trahir mon origine européenne.

Lorsqu'ils virent que ce moyen ne réussissait pas, ils se mirent à dire que les Frenghis avaient la plus grande envie d'étudier Bokhara. Ils me racontèrent que plusieurs espions frenghis avaient été découverts et punis, entre autres les Anglais Connolly et Stoddart. Ils me racontèrent aussi qu'un misérable Frenghi (ce malheureux était Italien) avait apporté plusieurs caisses de thé saupoudré de poussière de diamant, dans le but d'empoisonner tous les habitants de la ville sainte. Cet homme, disaient-ils, avait fait un pacte avec l'enfer et pouvait, à l'aide de sortilèges, faire du jour la nuit, et réciproquement. On l'avait enfermé dans un cachot.

La plupart de ces limiers étaient des hadjis, ayant longtemps vécu à Constantinople; ils voulaient s'assurer de ma connaissance de la langue et se mettre au courant de mes relations.

Lorsque je les avais écoutés longtemps avec la plus grande patience, je feignais un profond dégoût; je les priais de me laisser tranquille et d'abandonner toute conversation sur les Frenghis.

« J'ai quitté Constantinople, disais-je, pour ne plus entendre parler de ces Frenghis dont le démon a aiguisé l'esprit. Maintenant, Dieu soit loué! me voici dans la noble Bokhara, et je ne veux pas qu'on me rappelle des souvenirs pénibles dans la félicité de mon existence actuelle. »

Je faisais des réponses analogues au rusé mollah Scheref-Ed-Din-Aksakal, le libraire qui m'avait prêté une liste des livres qu'un envoyé russe avait négligé d'emporter quelques années auparavant, liste qu'il me montra ainsi que quelques autres papiers anglais et italiens. J'y jetai un regard dédaigneux, en disant :

« Allah soit loué! ma mémoire n'est pas encore salie par les sciences et les livres des Frenghis, comme c'est malheureusement le cas pour beaucoup de Turcs de Constantinople. »

Lorsque Bahmet-Bi vit qu'il ne pouvait rien tirer contre moi du rapport de ses espions, il prit le parti de m'interroger lui-même.

Il me manda chez lui sous forme d'invitation gracieuse à un pilau. Les autres conviés avaient été choisis parmi les ulémas bokhariotes les plus distingués.

Dès mon entrée, je compris que je comparaissais devant une espèce de tribunal théologique, et les explications seraient difficiles, car toute la séance allait être une sorte d'interrogatoire qui soumettrait mon incognito à une rude épreuve.

Ayant flairé le piège à temps, je résolus d'éviter les questions embarrassantes en les questionnant le premier. Feignant d'y attacher un intérêt énorme, j'assaillais la compagnie d'une infinité de demandes relatives aux nuances qu'il y avait entre les différents préceptes religieux, entre le *Fars, Sunnet, Vadjid* et *Moustahab*.

L'ardeur que je manifestai plut à l'aréopage, et bientôt s'éleva une vive discussion sur plusieurs points de l'*Hidajet*, du *Scherchi-Wekaje* et d'autres thèmes traités dans les livres sacrés.

Pour ma part je ne me mêlai que très discrètement à la controverse; mais je m'étendis longuement sur le mérite des jugements que les mollahs de Bokhara venaient de porter devant moi, et je me félicitai d'avoir pu assister à une conversation aussi instructive.

Cette fois encore je réussis à me tirer heureusement d'affaire.

Les savants mollahs firent comprendre, par leurs signes et leurs demi-mots chuchotés à l'oreille de Bahmet-Bi, que ceux qui l'avaient prévenu contre moi avaient commis une erreur grossière, et que si je n'étais pas encore un mollah très savant, j'étais pourtant un homme qui marchait à grands pas dans la voie de la vraie science.

A partir de cette journée mémorable, je ne fus plus inquiété. Il est vrai que je menais à Bokhara une vie très régulière. Je remplissais avec toutes les apparences d'un zèle ardent ma lourde corvée de derviche; ensuite j'allais au bazar de la librairie, qui contient vingt-six boutiques.

Les livres imprimés y sont très rares, mais j'ai vu là des manuscrits d'une valeur incalculable pour nos savants orientalistes. Malheureusement il m'était impossible de me les procurer, d'abord parce que mes moyens pécuniaires ne me l'eussent pas permis, ensuite parce que je me serais gravement compromis en montrant trop de préoccupation pour les sciences mondaines.

Les quelques manuscrits que j'ai pu rapporter de Bokhara et de Samarkand n'ont pu être achetés qu'avec une peine infinie. Ce fut avec une véritable douleur que je laissai derrière moi ces trésors inestimables, qui auraient pu fixer bien des points encore obscurs dans l'étude des langues orientales.

En quittant le bazar des livres, j'allai au *Rigistan,* qui en est assez éloigné. Quoique plus grande et plus animée que la Lebi-Haus, cette place publique est bien moins agréable. Ce *forum* possède aussi son bassin entouré d'échoppes où l'on vend du thé. En se promenant sur le quai on voit l'*ark* ou palais de l'émir. Le portail, surmonté d'une horloge, a un aspect sombre et lugubre. J'éprouvais un secret frisson en passant devant ce repaire de la tyrannie, où beaucoup de mes prédécesseurs avaient trouvé la mort, et où actuellement trois malheureux enfants de l'Europe gémissaient loin de la patrie et de tout secours.

La porte était défendue par quatorze canons

de bronze, d'une longueur extraordinaire et finement ciselés; ces canons avaient été rapportés par l'émir comme trophées de sa campagne dans le Khokand.

Plus haut, à droite du palais, s'élève la Mesdchidi-Keland, la plus grande mosquée de Bokhara, édifiée par Abdullah-Khan-Cheibani.

Au bout d'une semaine je connaissais Bokhara sur le bout du doigt. Je m'y trouvais absolument comme chez moi.

Dès les premiers jours je fus mené partout par Hadji-Salih; plus tard je continuai seul mes explorations dans la ville, et je n'accompagnais mes amis que lorsque nous étions invités ensemble chez un Chinois tartare, résidant à Bokhara, qui nous avait pris en vive amitié.

Pendant tout le temps de mon séjour à Bokhara la chaleur fut insupportable.

J'eus doublement à souffrir, parce qu'il me fallut boire constamment de l'eau chaude ou du thé, dans la crainte de la *rischte* (*filaria medinensis*), qui, sur dix personnes, en enlève au moins une chaque fois qu'elle sévit.

Le Bokhariote et l'étranger de passage contractent, pendant l'été, cette étrange maladie aussi facilement que chez nous on contracte un rhume de cerveau. Les premiers symptômes se manifestent par une légère démangeaison aux extrémités.

Bientôt on remarque une petite tache rouge, d'où sort un ver à peine de la grosseur d'un fil. Ce ver a souvent une aune de long ; on l'extirpe en le roulant autour d'un fuseau, pendant plusieurs jours, au fur et à mesure de son développement. C'est du moins le traitement ordinaire qui ne cause pas de souffrance. Si le vers se brise, il en résulte une forte inflammation, et le tronçon donne naissance à huit ou dix autres parasites, ce qui cloue au lit le pauvre malade en proie aux douleurs les plus vives.

La médication la plus simple consiste dans l'ablation de toute la chair infectée; les barbiers de Bokhara pratiquent très habilement cette opération. La blessure qui en résulte se cicatrise très rapidement. Les plus courageux se font extirper la richte au début même de la maladie.

Le *Screfschan* (Distributrice d'or) fournit l'eau à Bokhara. Le niveau du fleuve, plus bas que celui de la ville, rend la distribution très parcimonieuse, surtout en été. L'eau est amenée au moyen d'un canal qui traverse la porte Dervasei-Mesar. Mais, vu la différence de niveau, le canal est très profond; il est aussi très mal entretenu. On n'ouvre les écluses que tous les huit ou quinze jours, selon l'état du fleuve.

L'apparition des flots, bien qu'ils soient déjà troubles lorsqu'ils arrivent en ville, est toujours un sujet de joie pour les habitants. Immédiatement jeunes et vieux se précipitent à l'envi dans les canaux et les réservoirs pour s'y baigner; puis vient le tour des chevaux, des vaches, des ânes et enfin des chiens.

Après cette baignade générale, l'accès du canal est interdit.

L'eau redevenue tranquille dépose, se clarifie, mais retient en dissolution tous les germes putrides apportés par les baigneurs, bipèdes et quadrupèdes. Et cependant c'est l'eau qu'on boit dans la noble Bokhara, où la religion musulmane met la propreté au nombre des vertus!

Bokhara est la ville religieuse par excellence. J'ai entendu fréquemment répéter que Bokhara est le rempart de l'Islam. Ce surnom ne me paraît pas suffisant; on pourrait la nommer la Rome de l'Islam, puisque la Mecque et Médine en représentent la Jérusalem.

Bokhara a conscience de cette supériorité, aussi se place-t-elle à la tête de toutes les autres nations mahométanes. L'émir se considère comme un croyant supérieur au sultan lui-même, qui pourtant est reconnu officiellement comme le chef de la religion, mais auquel on pardonne difficilement ses relations avec les Frenghis et l'indifférence avec laquelle il laisse tomber en désuétude les pratiques religieuses dans son empire.

Comme on me tenait pour Osmanli, on me demandait souvent pourquoi le sultan ne faisait pas massacrer tous les Frenghis qui vivent dans ses États et ne payent pas la *dschisie* (tribut); pourquoi il n'entreprenait pas chaque année une *dschihad* (guerre de religion), puisqu'il y avait des infidèles sur toutes ses frontières; pourquoi les Osmanlis, qui pourtant sont des sunnites et appartiennent à la secte d'Ebuhanife, ne portent pas le turban et la robe descendant jusqu'à la cheville, ainsi que cela est prescrit; pourquoi ils n'ont plus la barbe et les courtes moustaches qui les rendaient semblables à *la gloire de toutes les créatures* (c'est ainsi qu'on nomme le prophète); pourquoi les sunnites, aussi bien à Constantinople qu'à la Mecque, récitent en chantant l'*ésan* (l'appel à la prière), ce qui est un effroyable péché; pourquoi ils ne deviennent pas tous hadjis, puisqu'ils demeurent si près des lieux saints, etc.

Je faisais de mon mieux pour défendre l'honneur religieux des braves Osmanlis, et si parfois j'étais obligé d'avouer leur tiédeur en rougissant, à part moi je félicitais les Turcs d'avoir pu conserver quelques bonnes qualités qui relèvent leur caractère malgré la détestable influence de l'islamisme. Je les félicitais d'autant mieux que les Bokhariotes, tout en se disant plus pieux que les autres, se complaisent à l'hypocrisie la plus éhontée, aux mensonges les plus vils, aux fraudes les plus ignominieuses. J'en citerai deux exemples. Je fus obligé de prendre part aux *chalkas* (réunions) où les religieux, après la prière, s'asseyent en rond à côté les uns des autres, pour chanter leurs *teurdschuh*. C'est le nom que les mahométans donnent à ces discussions sur la grandeur de Dieu, la magnificence du prophète et le néant de notre existence.

Un étranger qui voit ces gens avec leur grand turban, les yeux baissés vers la terre, les bras pendants et le corps accroupi, doit penser naturellement que ce sont tous des êtres supérieurs qui ont renoncé aux joies de l'existence terrestre, et qui ont profondément médité le proverbe arabe : « Le monde est une horreur, ceux qui aspirent à y vivre sont des chiens. »

Mais si on les considère plus attentivement, on s'aperçoit que beaucoup d'entre eux sont tombés d'une profonde méditation dans un sommeil plus profond encore ; et s'ils ronflent

L'émir de Bokhara.

comme des sourds, on n'a le droit ni de s'étonner ni de faire la moindre observation, car un Bokhariote vous remettrait dans le droit chemin et dirait :

« Ces hommes sont arrivés à un tel degré de perfection, que, même en ronflant, c'est à Dieu et à l'immortalité de l'âme qu'ils pensent. »

A Bokhara on se contente des apparences. Chaque ville du khanat a son *reis* (surveillant religieux) qui, armé de son *dere* (martinet à quatre branches), traverse les rues, les places, et interroge les gens sur les préceptes de l'islamisme. Les ignorants, fussent-ils même des vieillards de soixante ans, sont envoyés par lui à l'école des enfants pour un temps qui varie de un à quinze jours. Cet inspecteur, aux heures de la prière, chasse les passants dans les mosquées. Que les vieillards dont nous venons de parler écoutent ou dorment dans l'école, que chacun dans la mosquée prie ou pense seulement à son travail interrompu, peu importe : le gouvernement ne tient qu'à l'obéissance extérieure.

Les espions de l'émir se faufilent jusque dans les relations les plus intimes de la vie de famille, et malheur à celui qui s'oublie jusqu'à dire la moindre chose contre les usages religieux et contre l'autorité de leur chef!

L'acceptation résignée de la servitude a tellement avili les caractères, que le mari et la femme, même retirés dans leur appartement le plus secret, n'oseraient prononcer le nom de l'émir sans ajouter la formule consacrée : « Dieu le fasse vivre cent vingt ans ! »

Le peuple en est arrivé à n'avoir plus même la force morale de haïr son tyran.

Il trouve tout naturels ses actes de cruauté, et les considère comme la manifestation nécessaire de sa puissance.

L'émir Nasrullah, le père du souverain actuel, était devenu, dans les dernières années de sa vie, un débauché sanguinaire, qui punissait de mort chez ses sujets l'immoralité dont il donnait l'exemple. Peu de familles restèrent à l'abri de ses attentats, et cependant personne ne laissait entendre sur son compte l'expression du moindre blâme.

Mosaffar-Eddin-Khan, l'émir actuel, est, par un heureux hasard, irréprochable et tout autrement disposé. Plus sévère que son père pour tout ce qui touche à la religion et aux mœurs, il est pur de tout crime. Aussi est-il aimé et respecté de son peuple.

Je le vis plus tard à Samarkand. C'est un homme de quarante-deux ans, de moyenne stature, un peu corpulent, d'extérieur aimable, avec de beaux yeux noirs et une barbe peu fournie; il est doux et bienveillant. Il suit fidèlement la politique de son père.

Fidèle à son caractère de mollah et de dévot musulman, il est ennemi de toute réforme et se refuserait à un changement quelconque, quand même il serait personnellement convaincu qu'il y aurait une utilité générale à le faire.

En montant sur le trône, il fit graver cette devise sur son cachet : *Gouverner par la justice*.

Jusqu'à présent, affirme-t-on, il n'a pas menti à sa devise.

Il est bien vrai que sa justice est une justice qui se rapproche très peu de la nôtre; elle permet à l'émir, par exemple, de faire exécuter son *mehrem*, c'est-à-dire le second de ses hauts fonctionnaires, parce qu'un dénonciateur prétendra que cet homme a lancé un regard équivoque sur une des esclaves du souverain.

L'émir est très sévère pour les grands, fort peu recommandables d'ailleurs, et les punit de mort pour la moindre peccadille.

Il ménage au contraire les classes pauvres, et son peuple lui a donné le nom de *Filkusch* et de *Muschperiver* (destructeur des éléphants et protecteur des souris).

Ce titre lui fait honneur.

Mosaffar-Eddin-Khan se donne beaucoup de peine pour que son peuple garde la modeste situation qu'il croit nécessaire à son bonheur.

L'entrée des articles de luxe ou des marchandises trop coûteuses est défendue.

La recherche dans les vêtements et la magnificence dans les maisons sont également interdites.

La maison de l'émir diffère de celle de son père. J'y ai à peine vu la moitié des domestiques qu'avait ce dernier, et dont la meute a été si bien décrite par M. Khanikoff, qui a été l'hôte de Nasrullah.

Ses deux filles aînées sont mariées aux gouverneurs de Serepul et d'Aktsche; seulement comme ces villes sont tombées entre les mains des Afghans, les gendres sont aujourd'hui les hôtes de l'émir, véritables rois sans couronne. La haute surveillance du harem est dévolue à la mère de l'émir, une ancienne esclave persane (née à Kedmjiah, près de Meschel) et à sa grand'mère, Hakin-Ayim. Elles y maintiennent un ordre parfait. Il est interdit à un profane, sous peine de mort, non seulement d'entrer dans le harem, mais même de regarder dans la direction où il se trouve. Les mollahs, dont le souffle (*nefes*) est reconnu comme divin, peuvent seuls y pénétrer.

Ce fut à ce titre que Hadji Salih y fut un jour appelé pour y administrer un *chaki-schifa* (poussière sacrée de Médine, employée comme médicament).

Les dépenses du harem pour la toilette, la cuisine et les autres nécessités quotidiennes sont très minimes.

Les sultanes ne font pas seulement leurs habits, elles confectionnent aussi les vêtements de l'émir qui, comme on sait, est très économe et y regarde de très près. On affirme que ses dépenses journalières de cuisine ne dépassent pas seize à vingt *tenges* (un tenge vaut soixante-quinze centimes), ce qui est du reste tout à fait vraisemblable, sa table n'offrant que rarement des mets extra, et son ordinaire ne consistant qu'en du pilau cuit dans de la graisse de mouton.

L'expression « table royale » ne peut pas s'appliquer à celle de l'émir de Bokhara; car princes, ouvriers, employés, marchands et paysans font absolument la même cuisine.

A la sortie des déserts de l'Asie centrale, on comprendra sans peine que Bokhara, malgré sa pauvreté, me paraissait digne d'être rangée parmi les grandes capitales, à moi qui avais erré si longtemps dans d'affreuses solitudes.

Ici du moins je mangeai du bon pain frais,

je trouvais des fruits savoureux, des mets chauds ; je buvais un excellent thé, et je pouvais me livrer à certains soins de propreté si nécessaires à l'homme civilisé.

Je m'étais procuré deux chemises neuves, et je tournais décidément au sybaritisme, à tel point que j'éprouvai presque un sentiment de regret lorsque mes amis, qui voulaient arriver avant l'hiver dans leur pays situé dans l'extrême Orient, m'avertirent qu'il était temps de faire mes préparatifs de départ.

Je projetais de les accompagner jusqu'à Samarkand, où ils pouvaient m'être très utiles. Là je verrais l'émir, et je déciderais ensuite si je pousserais jusqu'à Khokand et Kaschgar, ou si je reviendrais par Karschi-Kerki et Hérat.

Sans vouloir m'influencer d'aucune manière, mes amis Hadji Bilal et Hadji Salih, qui s'occupaient seulement de me rendre plus favorables les chances d'un retour possible, me présentèrent à un kervanbachi d'Hérat, qui attendait à Bokhara avec cent cinquante chameaux, et qui devait retourner chez lui dans cinq semaines.

Cet homme, appelé Mollah-Seman, que mes amis connaissaient de longue date, me traita comme un frère, et il fut décidé que si à Samarkand j'optais pour le retour, nous nous rencontrerions dans trois semaines à Kerki, de l'autre côté de l'Oxus.

Il y avait déjà vingt-deux jours que j'étais à Bokhara; je ne pouvais pas retenir mes amis plus longtemps. On avait décidé de partir immédiatement pour Samarkand.

Les Bokhariotes nous avaient fait mille protestations d'amitié, mais personne n'avait délié pour nous les cordons de sa bourse.

Nos ressources étaient épuisées; notre épargne de Khiva n'existait plus. J'avais vendu mon âne, et nous dûmes continuer notre route dans une voiture de louage.

Quelques-uns de nos compagnons, qui étaient de Khodjend ou de Khokand, nous avaient déjà quittés pour poursuivre leur court voyage; il ne restait plus que les Endidschaniens; les Tartares chinois eux-mêmes voulaient aller de Bokhara à Samarkand par un chemin différent du nôtre.

Hadji Salih, Hadji Bilal et moi, nous nous décidâmes pour la voie directe, tandis que les piétons désiraient aller par Gidjdovan, dans le dessein de faire un pèlerinage au tombeau du saint Abdul-Khalik.

Je fis mes adieux à Ramet-Bi qui me donna des lettres de recommandation pour Samarkand, et je lui promis de me présenter à l'émir.

XI

La route de Samarkand. — Aspect riant du pays. — Le village de Mir-Samarkand. — Sépulcre de Timourlan. — Les *medresses*. — La vieille et la nouvelle ville. — Retour de l'émir. — L'audience périlleuse. — Mon audace récompensée. — Je quitte mes compagnons de voyage. — Adieux à Samarkand.

Le jour où nous quittions Bokhara pour Samarkand, notre caravane était réduite à deux charrettes, dans l'une desquelles j'étais installé avec Hadji Salih; dans l'autre se trouvait Hadji Bilal et ses gens.

Abrité du soleil par une natte de jonc, j'aurais aimé pouvoir rester étendu sur mon tapis, mais c'était impossible, car les secousses de ces voitures primitives nous cahotaient affreusement, entrechoquaient nos têtes. Dès les premières heures, nous avions tous le crâne meurtri, et bientôt je ressentais pour ma part les atteintes du mal de mer.

Je souffrais bien plus que sur les chameaux,

dont j'avais tant redouté le balancement pareil au roulis d'un navire.

Le pauvre cheval qui traînait cette lourde charrette, dont les roues mal arrondies s'enfonçaient profondément dans la boue et dans le sable, ne pouvait tirer que très péniblement. Il lui fallait, en outre, porter le cocher et son sac de provisions. Le Turcoman a raison d'affirmer que le Bokhariote se disculpera difficilement au jugement dernier d'avoir tellement maltraité la plus noble bête de la création.

Comme il faisait nuit quand nous quittâmes Baha-Eddin, notre cocher se trompa de chemin ; aussi, au lieu d'être à minuit dans la petite ville de Mezar, nous n'y arrivâmes que le matin.

Nous en repartîmes après une courte halte, et nous atteignîmes dans l'après-midi Cheick-Karim, où nous rencontrâmes quelques-uns de nos anciens compagnons, ceux qui comptaient passer par Gidjdovan.

On m'avait raconté des merveilles des cultures agricoles de la région située entre Bokhara et Samarkand ; je vis bientôt qu'il fallait grandement en rabattre. Cependant des deux côtés de la route il y avait des champs cultivés.

Le lendemain matin, quand nous eûmes traversé le petit désert de Tcheul Melik (il a quatre lieues de large et six lieues de long, un caravansérail et un réservoir d'eau), nous arrivâmes dans le district de Kermineh. C'était le troisième jour de notre voyage. Là, toutes les heures, plus souvent même, nous rencontrions un petit *basarly-dchay* (endroit forain), comprenant des auberges et des boutiques de marchands de comestibles. On voyait aussi, de tous côtés, comme le *nec plus ultra* de la civilisation et du confort, le grand samovar fumant en répandant une bonne odeur de thé. Ces villages ont un caractère tout différent de ceux de la Perse et de la Turquie; les cours de ferme y sont peuplées de volailles et les étables de bestiaux.

Vers midi nous fîmes halte à Kermineh, dans un charmant jardin, sur les bords d'un étang bien ombragé.

Nous en repartîmes après le coucher du soleil, pour permettre à nos pauvres bêtes de respirer la fraîcheur de la nuit.

A minuit nous nous arrêtâmes deux heures encore, et le lendemain nous arrivions à l'étape avant le début de la chaleur.

Nous passâmes la soirée de ce jour dans la mosquée du village de Mir, qui s'élève au centre d'un riant parterre de fleurs.

Nous repartîmes le lendemain pour nous rendre à la Kette-Kurgan, grande forteresse et chef-lieu d'une province.

Comme nous arrivions de nuit, il ne nous fut pas permis d'entrer dans le fort. Nous cam-

Le tombeau de Timour.

pâmes dans un caravansérail établi sur la route, en dehors de la forteresse.

De Kelte-Kurgan un chemin spécial conduit

à travers le désert jusqu'à Karschi. Cette voie abrège la route de quatre lieues.

Les voyageurs doivent prendre de l'eau avant de partir, parce que les puits, quoique assez nombreux, ne donnent qu'une eau saumâtre, bonne tout au plus pour les animaux.

Devant les boutiques à thé j'entendais les paysans et les voituriers échanger des colloques très animés. Ces pauvres gens sont dans le ravissement quand on leur raconte les hauts faits de leur émir. Ils disaient que de Khokand l'émir était entré en Chine, et qu'il avait soumis à son sceptre tout l'Orient, l'Iran, l'Afghanistan, l'Inde, le Franghistan, et qu'il avait l'intention de pousser jusqu'à Roum (pays qu'ils regardent comme voisin). Selon eux le monde serait bientôt partagé entre le sultan et l'émir.

Notre cinquième et dernière station avant d'arriver à Samarkand, et après avoir quitté Karasson, fut Daul.

Nous gravîmes quelques collines, du haut desquelles nous vîmes, à gauche, de grandes forêts. On me dit qu'elles s'étendaient jusqu'à mi-chemin de Bokhara et qu'elles servaient de retraite à deux tribus uzbegs, les Khitai et les Kiptschak, très souvent en guerre avec l'émir. Comme ces peuplades connaissent admirablement tous les coins et recoins de leurs bois, elles ne sont pas faciles à soumettre.

Bien que déjà à Bokhara on eut refroidi beaucoup mon enthousiasme sur l'importance historique de Samarkand, ma curiosité fut grande cependant, lorsqu'on me montra du côté de l'orient la montagne Tschobanata, au pied de laquelle j'atteindrais le but si vivement désiré de mon pèlerinage.

Je regardais de tous mes yeux le point qu'on me signalait.

Après deux heures de marche j'aperçus enfin, du sommet d'une dernière éminence, la ville de Timour, entourée d'une végétation luxuriante.

J'avoue que la première impression que me causa la vue de ses minarets et de ses dômes de couleurs variées et éclatantes, brillant de tout leur éclat aux rayons d'un soleil radieux, fut singulière et pleine de charme.

Samarkand, en dehors de l'attrait que fait naître son passé historique, excite aussi la curiosité par son grand éloignement de l'Europe, et par le prestige extraordinaire qui entoure cette la Mecque de l'Asie.

Il faudrait un pinceau, et je n'ai que ma plume, pour donner une idée de l'aspect de cette ville.

Que le lecteur monte avec moi dans ma charrette, et il pourra apercevoir, à l'est, la montagne dont j'ai parlé. Sa cime arrondie est couronnée d'un petit temple où repose Tschobanata, le saint patron des bergers.

Au pied de cette montagne s'étend la ville, dont la circonférence égale celle de Téhéran, mais les maisons y sont beaucoup plus éparses; l'effet n'en est que plus grandiose, surtout à cause de ses ruines et de ses constructions imposantes. Plusieurs bâtiments, en forme de dômes, s'élèvent au nord-est de la ville; quatre *medresses* (propylées) entre autres, que de loin on croirait l'une près de l'autre, frappent agréablement la vue.

Lorsqu'on avance un peu, on découvre d'abord vers le sud un dôme petit et bas, mais majestueux : c'est le tombeau de Timour; le dôme le plus éloigné est la mosquée de ce même Timour.

Juste en face de nous, sur la limite sud-ouest de la ville, s'élève, au sommet d'un petit monticule, la citadelle (*ark*) entourée d'autres bâtiments, mosquées ou tombeaux.

Que l'on se représente maintenant les maisons, les mosquées, les monuments gracieusement séparés par des jardins ombragés, et on aura une faible idée de Samarkand, à laquelle nous pouvons appliquer le dicton persan : « Il y a beaucoup à y apprendre, et encore plus à y voir. »

Est-il nécessaire de dire que la bonne impression que l'on en ressent de loin s'évanouit complètement lorsqu'on est dans la ville ?

En traversant la Derwas (porte qui conduit aux quartiers habités), et après avoir fait un long chemin à travers le cimetière, ma déception fut profonde; je ne pouvais m'empêcher de rire en me répétant à moi-même le proverbe persan :

« Samarkand du globe est le foyer central. »

Nous nous dirigeâmes vers le bazar, et nous mîmes pied à terre dans un caravansérail où les hadjis peuvent loger gratuitement.

Le soir même nous fûmes invités à venir occuper une maison particulière, de l'autre côté du bazar, près du tombeau de Timour.

Je fus agréablement surpris du hasard qui faisait de notre hôte un officier de l'émir chargé de la surveillance du palais de Samarkand.

La rentrée de l'émir, qui venait du Khokand, où il avait fait une heureuse campagne, était fixée à quelques jours de là; mes compagnons voulurent bien retarder leur voyage en ma faveur pour me permettre de le voir; peut-être aussi, grâce à cette circonstance, espéraient-ils trouver quelques hadjis compatriotes qu'ils emmèneraient avec eux dans leurs pays.

Je profitai de ce répit pour aller voir toutes les curiosités de Samarkand qui, malgré sa pauvre apparence, est la cité la plus curieuse de l'Asie centrale.

En ma qualité de hadji, je devais naturellement commencer par la visite des lieux saints.

Mais comme tout ce qui a un intérêt historique est lié à des légendes sacrées, mon devoir coïncidait avec mon plaisir.

Les lieux de pèlerinage se comptent ici par centaines, et les étrangers ont l'habitude d'entreprendre ces excursions religieuses en un certain ordre, suivant l'importance des lieux et des personnages. C'est ainsi que je visitai, les uns après les autres, le palais d'été de Timour, la mosquée de Timour, la citadelle avec la salle d'audience de Timour, son sépulcre, les medresses ou collèges, etc.

En dehors de ces monuments, il y a encore des tours isolées et des bâtiments en forme de dômes, qui datent des siècles passés.

Les murailles de la nouvelle ville sont à peu près à une heure de chemin des ruines de l'enceinte de la vieille et historique Samarkand. Ces remparts ont six portes, et on y rencontre quelques bazars où l'on vend de beaux

Une mosquée à Samarkand.

ouvrages en cuir, et des selles de bois travaillées avec goût; les émaux dont elles sont ornées feraient honneur à un artiste européen.

Pendant mon séjour dans la ville de Timour, un mouvement extraordinaire régnait dans les bazars, sur les places publiques et dans les rues, à cause de la présence des troupes qui revenaient de la guerre; mais le nombre réel des habitants ne dépasse pas quinze à vingt mille, dont deux tiers Uzbegs et un tiers Tadjik.

L'émir, dont la résidence officielle est Bokhara, passe ici deux ou trois mois chaque été, car Samarkand a une plus haute altitude que Bokhara, et le climat en est plus sain.

Tandis qu'à Bokhara on souffre de la chaleur, on jouit à Samarkand d'une température agréable.

L'eau, qu'on m'avait vantée comme une véritable *abihajat* (ambroisie), m'a paru détestable.

Sans adopter précisément l'expression asiatique qui qualifie Samarkand de « paradis», il faut cependant être juste et convenir que la vieille capitale de l'Asie centrale, tant par sa position que par la végétation luxuriante qui l'entoure, mérite d'être appelée la plus belle ville du Turkestan.

Après huit jours passés à Samarkand à visiter ses bazars et ses superbes mosquées, je décidai que je me dirigerais définitivement vers l'ouest pour le retour.

Hadji Bilal voulait m'emmener avec lui à Aksu; de là je pourrais pousser jusqu'à la Mecque par Ierkend, le Thibet et le Kachemire; peut-être, si le sort m'était favorable, pourrais-je atteindre Bidsching (Pékin) par Komul. Mais Hadji Sali me déconseilla de prendre ce chemin, à cause de la trop grande distance à parcourir et de la pénurie de mes ressources. « Tu pourrais, me disait-il, arriver à Aksu, peut-être même à Komul; car tu trouverais partout des frères musulmans désireux comme toi de révérer un derviche venu de Roum. Mais comment feras-tu, en supposant même que tu ne sois pas arrêté en chemin, pour continuer ta route au milieu d'infidèles qui ne te prêteraient aucune assistance? Sur la route du Thibet tu pourrais peut-être rencontrer des compagnons de voyage venant de Kachgar et d'Ierkend, mais je n'en réponds pas, et je ne prends pas la responsabilité de te conduire à Khokand, où la guerre a tout mis en désarroi. Il faut cependant que tu voies Khokand : vas-y quand la paix sera faite; mais pour le moment le mieux est que tu retournes à Téhéran par Hérat avec les compagnons auxquels nous t'avons recommandé. »

Évidemment le conseil de mon ami était excellent, et pourtant je ne l'adoptai qu'après une lutte de plusieurs heures que je livrai au fond de moi-même. Un voyage par terre à Pékin, à travers les pays des Tartares, des Kirghiz, des Kalmouks, des Mongols et des Chinois, par un chemin que même Marco-Polo n'aurait pas eu le courage de suivre, c'était bien tentant; mais la voix de la raison me disait : « Pour le moment c'est assez. »

Je jetai un regard en arrière, sur la distance que j'avais parcourue jusqu'à présent, et je vis que, tant pour la longueur du chemin que pour les difficultés surmontées j'avais dépassé tous mes prédécesseurs.

Je me disais qu'il serait dommage de perdre le peu que j'avais acquis au prix de tant de souffrances, pour risquer une entreprise dont l'issue était plus que problématique.

Je n'ai que trente-un ans, pensai-je encore, et je puis remettre à plus tard ce que je n'entreprends pas aujourd'hui.

Hadji Bilal me reprocha en riant ma couardise, et sans doute le lecteur européen sera de son avis; mais l'expérience m'avait appris que le proverbe turc qui dit : « Mieux vaut un œuf aujourd'hui que le poulet demain, » n'était pas à dédaigner. C'est ce proverbe que j'invoque en ma faveur.

Je faisais déjà mes préparatifs de départ lorsque l'émir revint triomphalement dans sa capitale.

Depuis trois jours on annonçait l'événement; une grande foule d'hommes et de femmes s'était amassée sur le Rigistan. Il n'y avait toutefois aucun signe extérieur de réjouissance.

En tête du cortège marchaient deux cents *serbaz,* qui portaient sur le lourd costume bokhariote une sorte d'armure en cuir.

Par derrière eux venaient des cavaliers portant les étendards et jouant des cymbales. Ils entouraient l'émir Mosaffar-Eddin et les hauts dignitaires, qui, vus de loin avec leurs turbans d'une blancheur de neige et leurs longues robes de soie éclatant de toutes les couleurs de l'arc-en-ciel, ressemblaient plus aux chœurs féminins de l'opéra de *Nabuchodonosor* qu'à un véritable escadron de guerriers tartares. Leurs traits mongols et leurs armes : flèches, arcs et boucliers, constituaient pour mes yeux d'Européen un spectacle très original et très pittoresque.

Le personnel de la cour, les chambellans, etc., portaient de courts bâtons blancs ou des hallebardes. L'émir avait ordonné que le jour de son arrivée serait une fête nationale. On avait donc apporté sur le Rigistan plusieurs chaudrons remplis d'un pilau princier, confectionné avec un sac de riz, trois moutons hachés en petits morceaux, une énorme quantité de graisse de mouton et un petit sac de carottes.

Le khan de Khokand.

Chacun se servait à sa guise. On servait aussi du thé à discrétion.

Un *arz* (audience publique) devait avoir lieu le lendemain.

Je profitai de l'occasion pour me présenter à l'émir, en compagnie de mes amis; mais je fus très étonné lorsque, à l'entrée de l'arz, nous fûmes arrêtés par un mehrem qui nous prévint que le *badewlet* (Sa Majesté) désirait me voir seul.

Cet ordre n'était pas fait pour me rassurer, et j'eus comme un fâcheux pressentiment, que mes compagnons eux-mêmes partageaient.

Je suivis le mehrem, et, après une attente d'une heure, on me fit entrer dans une des chambres que j'avais visitées antérieurement, et où je vis l'émir étendu sur un matelas ou ottomane de drap rouge, au milieu d'un tas de manuscrits et de livres.

Sans perdre mon sang-froid, je me recueillis un instant; puis je récitai une courte *sura* et les prières habituelles pour le bonheur du souverain. Après l'amen, je m'assis résolument à côté du royal personnage, car l'usage permet de s'asseoir devant l'émir sans y être convié.

Cette conduite hardie, toutefois compatible avec la façon d'agir des derviches, plut à l'émir.

Il me regarda fixement dans les yeux, dans le dessein de me troubler; mais une longue pratique m'avait déshabitué de rougir et m'avait fait un front d'airain.

Puis m'adressant la parole :

« Hadji, tu viens de Roum, m'a-t-on dit,

pour visiter le tombeau de Baha-Eddin et ceux des autres saints du Turkestan ?

— Oui, Tachsir ; mais aussi pour me délecter de la vue de ta beauté. »

C'est la formule du cérémonial adopté en pareille circonstance.

« Voilà qui est singulier, dit-il ; et tu n'as pas d'autre motif en venant d'un pays si éloigné ?

— Non, Tachsir, et cela n'a rien de surprenant ; depuis longtemps mon seul et unique désir a été de voir la noble Bokhara et cette Samarkand enchantée, sur le sol sacré desquelles, comme le remarque le Cheik-Dschelal, on devrait plutôt marcher avec la tête qu'avec les pieds. Du reste, je n'ai pas d'autre occupation, et déjà depuis longtemps j'erre de toutes parts comme un vrai pèlerin du monde (*dschihangeschte*).

— Que prétends-tu là ? Il me paraît étrange qu'avec ta jambe boiteuse tu sois un dschihangeschte.

— Que je sois ta victime, sire ! mais ton glorieux ancêtre (que la paix soit avec lui !) avait la même infirmité, et il n'en était pas moins un *dschihangir* (un conquérant du monde) [1]. »

---

[1] Les émirs de Bokhara regardent Timour comme leur ancêtre. Il était boiteux ; de là le surnom que lui donnèrent ses ennemis : *Timour-lenk* (Tamerlan), ou Timour le Boiteux.

Cette réponse fit plaisir à l'émir; il me demanda des détails sur mon voyage et voulut savoir quelle impression m'avaient faite Bokhara et Samarkand.

Mes réponses, que je m'efforçai d'assaisonner de vers persans et de sentences du Coran, lui firent une bonne impression; lui-même était mollah, et comprenait assez bien l'arabe.

Il donna ordre qu'on me donnât un *sertapay* (vêtement) et trente tenge (22 à 23 francs); il me congédia en me recommandant de venir lui rendre une seconde visite à Bokhara.

Après cette entrevue, mes amis me conseillèrent de quitter Samarkand en toute hâte et de gagner au plus vite l'autre rive de l'Oxus.

Là je pourrais attendre au milieu des Turkomans Ersari, renommés pour leur hospitalité, l'arrivée de la caravane à destination d'Hérat.

L'heure de la séparation était venue; la scène des adieux fut déchirante.

Les six mois que j'avais passés avec mes braves amis, au milieu de tant de privations et de dangers, avaient fait disparaître toutes les inégalités des conditions, les différences d'âge et de race. Nous nous considérions comme les membres d'une même famille. Cette séparation ressemblait à la mort, et comment en aurait-il

Types de femmes de Samarkand.

pu être autrement dans ces régions où il est presque impossible de songer à se retrouver?

Ajoutez à cela les souffrances d'un vrai remords. Quoi! je tromperais mes meilleurs amis jusqu'à la fin, et je les quitterais sans leur avoir divulgué mon incognito!

Un moment je fus sur le point de leur tout révéler; mais je songeais que le fanatisme religieux est tout-puissant sur l'islamite. L'aveu de ma ruse, que la loi de Mahomet qualifie de péché mortel, aurait pu briser immédiatement tous nos liens d'amitié; et quelle déception amère pour Hadji Salih, le religieux convaincu!

Je voulus lui épargner ce chagrin : devais-je payer tant de bienfaits par l'ingratitude? Je préférai le laisser dans sa douce erreur.

Après m'avoir chaleureusement recommandé comme un frère et un fils à quelques pèlerins que je devais accompagner à la Mecque, mes compagnons me reconduisirent, aussitôt le soleil couché, hors des portes où m'attendait la voiture louée pour nous mener à Karschi.

Je pleurai comme un enfant en m'arrachant des bras de mes amis, dont les yeux étaient également remplis de larmes.

Enfin la voiture s'ébranla.

Mes anciens compagnons restèrent longtemps

à la même place, levant les bras au ciel pour me bénir et me recommander à Allah, en prévision de mon lointain voyage.

Je me retournai plusieurs fois : mais bientôt ils se confondirent avec l'ombre croissante, et je ne vis plus que les dômes de Samarkand éclairés par la lueur pâle de l'astre des nuits qui se levait en ce moment.

XII

Nouveaux compagnons. — De Samarkand à Karschi. — Les puits dans le désert. — Accident terrible. — Arrivée à Andkhouy. — Maymène. — Passage de la Murgab. — Hérat. — Visite au prince régent. — Mesched. — Le colonel Dolmage. — La générosité d'Iman-Riza. — La maison de poste. — Arrivée à Téhéran. — Retour en Europe.

Mes nouveaux compagnons de route étaient natifs d'Osch, de Mergoland et de Namegan. Ils ne valaient pas les bons amis que j'avais quittés.

Je m'attachai de préférence à un jeune mollah de Kungrad, qui s'était joint à nous pour faire le voyage de Samarkand, et qui espérait pouvoir m'accompagner jusqu'à la Mecque. Nous étions tous aussi pauvres l'un que l'autre; cependant le jeune homme me considérait comme son maître, grâce à la science qu'il me supposait; aussi saisissait-il toutes les occasions de me rendre service. Son dévouement ne se démentit pas un seul instant pendant tout le temps que nous fûmes ensemble.

La route traverse, en quittant Samarkand, deux villages assez bien bâtis. Après une marche de trois milles, nous nous arrêtâmes dans un caravansérail, où la route se bifurque en deux branches : celle de gauche conduit à Djam, l'autre dans le désert.

Nous choisîmes cette dernière direction.

En comparaison de celui que nous avions traversé précédemment, ce désert était une véritable prairie. Les pasteurs et leurs troupeaux le parcourent dans tous les sens, car on y rencontre nombre de sources d'eau potable qu'entourent des tentes d'Uzbegs. Ces puits sont la plupart du temps très profonds; tout à côté sont pratiqués des abreuvoirs en bois ou en pierres, de forme carrée; on les approvisionne d'eau pour y faire boire les bêtes. Les seaux sont manœuvrés au moyen d'un système primitif mis en mouvement par un chameau : la corde est attachée à la selle, et en s'éloignant l'animal fait monter le seau.

Grâce à l'excellente police de l'émir les routes sont sûres; les petites caravanes, même les voyageurs isolés, peuvent impunément traverser le désert.

Le deuxième jour nous rencontrâmes, près d'un des puits dont je viens de parler, une caravane arrivant de Karschi.

Au nombre des voyageurs se trouvait une jeune femme qui avait été traîtreusement vendue par son propre mari à un vieux hadji, pour la somme de trente *tilla*. Ce ne fut que dans le désert qu'elle eut connaissance de cet affreux marché. Aussi la pauvre femme criait, pleurait, s'arrachait les cheveux, courant vers moi comme une folle, s'écriant :

« Hadjhim (mon hadji), toi qui as lu les livres, dis-moi où il est écrit qu'un musulman peut vendre sa femme dont il a eu des enfants. »

Je répondis que c'était là un péché grave; mais le hadji se moqua de moi, car il s'était déjà entendu probablement avec le *kasikelan* (premier juge) de Karschi, pour se faire garantir son infâme marché.

Comme nous n'avancions que lentement à cause de l'extrême chaleur, il nous fallut deux jours et trois nuits pour nous rendre à notre destination. Karschi est la seconde ville du khanat de Bokhara. Elle se compose de la ville et de la forteresse. Avec ses dix caravansérails et son bazar très bien fourni, Karschi servirait d'entrepôt principal au transit entre Bokhara, le royaume de Kaboul et les provinces indiennes, si le pays n'était troublé par des révolutions continuelles.

Les habitants de Karschi, au nombre de vingt-cinq mille environ, sont en grande partie des Uzbegs; ceux-ci forment le noyau des troupes bokhariotes. Il y a aussi des Tadjik, des Indiens, des Afghans et des juifs. Ces derniers ont le privilège de pouvoir monter à cheval même dans l'intérieur de la ville, ce qui n'est permis à leur race dans aucune autre partie du khanat.

Karschi se signale par son industrie; mais Isar, sa voisine et sa rivale, est encore plus célèbre pour sa fabrication des couteaux.

Une des lettres par lesquelles mes amis me recommandaient aux différents khans et mollahs, que je devais rencontrer sur ma route, était adressée à un certain Hasan, un des principaux personnages de Karschi.

Hasan me fit un accueil très cordial. Il me conseilla, vu l'excessif bon marché des ânes, d'acheter un coursier à longues oreilles et de me munir en outre, comme ont du reste l'habitude de faire tous les hadjis de passage, d'un assortiment de marchandises d'une revente facile, contenant : aiguilles, fil, verroteries imitant le corail, toiles à sacs, cornalines que l'on apporte des Indes et qui sont à Karschi extrêmement bon marché.

Chez les peuples nomades, au milieu des-

« Hadjhim, dis-moi où il est écrit qu'un musulman peut vendre sa femme. »

quels nous devions passer, ajouta-t-il, j'aurais l'occasion de me défaire avantageusement de ma pacotille, car pour une aiguille ou quelques verroteries on me donnerait du pain, du melon, etc., en un mot, de quoi vivre toute une journée. »

Je compris que le brave homme avait raison, et, le jour même, j'achetai, en compagnie du mollah de Kungrad, les marchandises désignées ; tandis qu'un côté de mon havresac (*churdschim*) était rempli de mes manuscrits, l'autre servit de magasin à mes emplettes. J'étais donc en même temps antiquaire, commerçant, hadji, mollah, et, en outre, je vendais des bénédictions, des souffles sacrés, des amulettes, des talismans et autres merveilles.

Je fus très étonné de trouver à Karschi un jardin public comme je n'en avais pas encore vu, ni à Bokhara, ni à Samarkand, ni même en Perse. C'est un grand jardin, qui porte le modeste nom de kalenterchane (maison des mendiants); il est situé sur le bord du fleuve.

On y trouve de jolies allées et des parterres de fleurs très gracieusement disposés et fort bien entretenus. Le beau monde s'y promène de deux heures de l'après-midi jusqu'à la tombée de la nuit. De tous côtés, dans ce parc, on voit fumer les samovars, qu'entoure une triple ceinture de clients.

La vue de cette foule animée et gaie est vraiment, pour le voyageur dans l'Asie centrale, un coup d'œil agréable et exceptionnel.

L'habitant de Karschi est, du reste, réputé pour son naturel aimable et enjoué.

Au bout de trois jours je me mis en route pour Kerki avec Mollah-Ischak (c'est ainsi que s'appelait mon compagnon, le mollah de Kungrad) et deux autres hadjis.

Kerki est à quatorze milles de Karschi, et une seule route y conduit.

A deux milles de Karschi nous atteignîmes un grand et riche village, Feisabad, où nous passâmes la moitié de la nuit dans une citerne.

Malgré la sécurité qui y régnait à peu près partout, on nous recommanda de nous tenir sur nos gardes, dans le cas d'une rencontre de quelques maraudeurs turcomans.

Le lendemain, vers le milieu de la matinée, nous arrivions à la citerne Seng-Sulak. Elle était entourée de deux cents tentes d'Uzbegs. Une troupe d'enfants complètement nus pataugeait dans la citerne et en troublait l'eau, qui atteignait à peine un niveau de trois pieds.

Nous repartîmes une heure après le coucher du soleil.

Après une marche de quelques heures dans le calme silencieux d'une nuit belle et claire, un sommeil invincible s'empara de nous; nous nous endormîmes sur nos montures. Quelques cavaliers nous réveillèrent en nous reprochant notre imprudence. Enfin nous arrivâmes sur les bords de l'Oxus au lever du soleil.

Sur la rive opposée s'élevait la petite ville fortifiée de Kerki. En cet endroit le fleuve avait à peu près la même largeur que le Danube entre Pesth et Bude.

Les bateliers furent assez généreux pour nous passer gratuitement, mais nous mîmes trois heures à traverser le fleuve.

A peine eûmes-nous pris pied sur l'autre bord, que le *derjabegi* du gouverneur nous arrêta, sous prétexte que nous étions des esclaves fugitifs qui essayaient de regagner la Perse. Il nous conduisit avec nos bêtes et nos bagages dans l'intérieur de la forteresse, en attendant que le gouverneur eût statué sur notre cas.

Cet emprisonnement fut heureusement de courte durée; mes compagnons n'eurent pas beaucoup de peine à prouver leur identité; pour moi, je me bornai à faire passer mon passeport au *bi* (gouverneur).

Ce fonctionnaire me le fit remettre presque

aussitôt, avec cinq tenge (15 fr. 75) de gratification, comme dédommagement, sans doute, de la brutalité de son subordonné.

Je me transportai chez Chalfa Nijas, pour lequel j'avais une lettre de recommandation de Hadji Salih. C'est chez ce généreux musulman que je passai tout le temps de mon séjour à Kerki, en attendant la caravane qui devait nous amener à Hérat.

Il m'arriva un accident terrible pendant une excursion que je faisais aux environs.

Je m'étais rendu sur les bords de l'Oxus, que je parcourais en touriste, couchant la plupart du temps à la belle étoile, ou dressant ma tente au milieu d'un campement de Turcomans.

Nous étions à l'époque la plus chaude de l'été.

J'avais pris pour chambre à coucher une vieille mosquée abandonnée, où les Turcomans venaient me rejoindre dans la soirée; nous la passions ensemble, en chantant des versets sacrés ou en dialoguant sur les textes des livres saints.

Parfois ils m'apportaient des manuscrits contenant des légendes poétiques, dont j'étais chargé de faire la lecture à haute voix.

Ils m'écoutaient, immobiles, dans le profond

silence de la nuit; ma voix, qui leur disait les récits héroïques de leurs guerriers aimés, n'était accompagnée que par le bruit discret de l'Oxus coulant à nos pieds. Ces soirées avaient pour moi un grand charme.

Un soir, la veillée s'était prolongée jusque vers minuit.

J'étais un peu fatigué.

Après le départ de mes compagnons, oubliant qu'on m'avait bien recommandé de ne pas m'endormir près des pierres, je m'étendis le long d'un mur et ne tardai pas à m'assoupir.

Je dormais environ depuis une heure, lorsqu'une douleur sensible me réveilla en sursaut.

Je me levai en poussant un cri d'effroi : il me semblait que cent aiguilles empoisonnées labouraient mes chairs, près de l'orteil du pied droit.

Le cri que m'avait arraché la douleur réveilla le plus vieux des Turcomans campés près de la mosquée.

Il accourut, et s'écria, avant même que j'eusse ouvert la bouche pour lui faire part de mon accident :

« Pauvre hadji! un scorpion t'a piqué, et cela pendant le *saratan* (canicule) pour ton malheur! Que Dieu te vienne en aide! »

Il prit mon pied qu'il serra comme dans un

étau. Puis il chercha avidement des lèvres la blessure qu'il suça avec une telle force, que je crus sentir son aspiration par tout le corps. Il fut remplacé par un autre de ses compagnons, lequel, à son tour, céda la place à un troisième.

Lorsque ce dernier eut sucé la plaie pendant quelques minutes, il m'appliqua un léger pansement; puis mes trois amis me quittèrent en me disant ces mots qui peignent bien le fanatisme oriental :

« S'il plaît à Allah, demain matin à l'heure de la prière, tu seras guéri ou bien tu seras à jamais délivré des misères de ce monde! »

La douleur était de plus en plus vive : je me souvenais du terrible dicton qui affirme que le venin du scorpion de Belch est le plus terrible de tous les poisons.

La frayeur que j'éprouvais et les souffrances intolérables que j'endurais me firent perdre tout espoir de salut.

J'oubliai mon déguisement et mon incognito, et je proférai des exclamations dans ma langue maternelle, ce qui suggéra à mes compagnons des réflexions singulières, comme ils me le racontèrent plus tard.

La douleur s'étendait rapidement du pied au cerveau, envahissant tout le côté droit de mon corps.

L'acuité de la souffrance devenait de plus en plus vive, elle me causait la sensation d'un jet de feu dans les artères.

Aucune expression ne saurait rendre le martyre que j'endurai.

Incapable de maîtriser mes nerfs secoués par cette incroyable torture, j'essayai de me briser la tête contre les murs; mais quelques-uns de mes compagnons, qui étaient revenus près de moi, m'en empêchèrent et me lièrent solidement à un gros arbre.

Je restai là presque sans connaissance, les yeux levés au ciel, pendant que des gouttes d'une sueur froide ruisselaient de mon front.

Je voyais les Pléiades décliner peu à peu vers l'Occident, cet Occident béni où se trouvait ma patrie, que je ne reverrais plus sans doute. Mais, à mesure que l'aurore teignait l'horizon de sa douce couleur rosée, je tombai peu à peu dans un assoupissement; il se changea en un lourd sommeil, dont je fus réveillé par les monotones : « La-illah, il-allah! »

En me réveillant et en reprenant mes sens, je constatai avec joie que la douleur était bien moins vive.

Les élancements devenaient plus rares, et la cuisson diminuait d'intensité.

Le soleil n'était pas encore à une longueur

de lance au-dessus de l'horizon, que je pouvais déjà me tenir sur les jambes, bien que ma faiblesse et mon abattement fussent encore extrêmes.

« Tu es sauvé, me dirent mes compagnons. Le diable, qui entre dans le corps avec la piqûre du scorpion, a été chassé par la prière du matin. »

Après d'ennuyeux retards, j'appris enfin que la caravane d'Hérat allait arriver.

Je rentrai aussitôt à Kerki. Après toute une longue journée remplie par les fastidieuses formalités de la douane, nous pûmes enfin nous mettre en route.

Lorsque, dans le calme d'une belle nuit étoilée, je regardais mon petit âne lourdement chargé trottiner joyeusement à côté de moi, je pensais avec bonheur que je laissais enfin en arrière le khanat de Bokhara, pour marcher vers l'Occident, dans la direction de la patrie.

Notre caravane, composée de quatre cents chameaux, d'un petit nombre de chevaux et d'ânes, s'étendait sur une longue file. Après avoir courageusement voyagé toute la nuit, nous atteignîmes assez tard dans la matinée la station de Seid, à six milles de Kerki. Je remarquai, dans cette première halte, qu'il y avait dans la caravane beaucoup de voyageurs qui désiraient atteindre au plus vite la frontière sud de l'Asie centrale. C'étaient des esclaves libérés ; ils campaient près de nous autres hadjis, et ce voisinage me permit de recueillir sur leur position des renseignements véritablement navrants.

Nous quittâmes Seid vers midi.

Le pays que nous traversâmes est une plaine aride et stérile. Nous avancions toujours vers le sud-ouest.

Bientôt nous pûmes voir dans le lointain quelques cavaliers turcomans de Kara, qui espéraient sans doute nous piller et faire une bonne prise.

Mais heureusement ils n'étaient pas en nombre.

Ils nous suivirent jusqu'au soir, et, lorsque, après la nuit tombée, nous eûmes dressé nos tentes, ils rôdèrent autour de notre campement pour essayer de nous surprendre.

Quelques balles envoyées dans leur direction éloignèrent ces bandits, qui ne reparurent plus.

Après plusieurs heures de repos, nous nous remîmes en route pour ne nous arrêter que le lendemain matin, près des ruines de la ville d'Andkhouy.

Nous repartîmes l'après-midi du même jour.

Après une longue marche dans un terrain marécageux où nos malheureuses bêtes n'avançaient qu'au prix des plus grands efforts, nous arrivâmes le surlendemain au pied d'une petite citadelle nommée Akalo, située à quatre lieues de Maymène.

Notre kervanbachi était tellement heureux de voir que la caravane avait pu atteindre ce point sans être inquiétée, qu'en témoignage de satisfaction et aussi comme action de grâces, il donna aux hadjis deux magnifiques moutons.

C'est à moi, comme au plus vénérable, que revint l'honneur de la répartition du cadeau.

Pendant toute la journée, mes compagnons et moi nous nous régalâmes de rôti.

Le soir, nous chantâmes en chœur quelque *telkine*, que je fis accompagner sur un *sikr*, c'est-à-dire que nous criâmes près de deux mille fois de suite à tue-tête : *Ja hu ! ja hakk !*

La nouvelle de notre arrivée nous avait précédés à Maymène : aussi, vers le soir, nous vîmes arriver un employé de la douane, qui nota soigneusement tout ce qui était passible d'une taxe. Il fut presque poli.

Nous repartîmes dans la nuit.

Le lendemain matin nous étions à Maymène.

A partir de Maymène, la route traversait des régions accidentées hérissées de montagnes. Après une marche de six heures dans la direction du sud-ouest, la caravane s'arrêta dan[s] un endroit nommé Almar. Ce nom sert, du reste, à désigner tous ces villages rapprochés les un[s] des autres que nous voyions autour de nous. Nous venions à peine de dresser nos tentes quand tout à coup apparurent, avec une fort[e] escorte de cavaliers, les employés du fisc d[e] Maymène. Ils venaient faire une nouvelle in[s]pection des marchandises. On batailla deu[x] bonnes heures, mais en fin de compte il fallu[t] nous soumettre.

Sous prétexte que nous avions encore à paye[r] une taxe supplémentaire pour les marchandises, les bêtes de somme et les esclaves, ils écor chèrent tant et plus les principaux membre[s] de la caravane et le kervanbachi. Malgré ce[t] incident, la caravane put se remettre en rout[e] le soir même.

Il était un peu plus de minuit quand, lais sant derrière nous Kaisar, l'un des principau[x] villages de la contrée, nous arrivâmes à Narin. Nous avions fait toute notre route à travers d'é troites vallées, pittoresques et fertiles, mai[s] absolument désertes. Ces régions sont auss[i] inhabitées, à cause des Turcomans, des Djen chudi et des Firouzkoulu, qui y font d'inces santes incursions.

Comme nous avions devant nous une étap[e]

d'au moins sept heures, il ne nous était pas possible de nous reposer longtemps à Narin. On n'y fit donc qu'une courte halte. Après avoir marché toute la journée sans interruption, nous atteignîmes fort tard Eschit°-Scheku, village non loin duquel se trouve la bourgade de Felmgouzar. Nous passâmes toute une journée dans cet endroit, car le kervanbachi se rendit avec plusieurs autres d'entre nous, pour leurs affaires, à Kodjakendou, autre village situé à trois lieues plus loin dans la montagne, du côté sud-est.

Felmgouzar est regardé comme l'extrême limite du district de Maymène, et en même temps de tout le Turkestan. Là il nous fallut payer une troisième taxe douanière à titre de *kainstchia-pulu* (argent du fouet), que levait un *yusbachi* nommé Devletmourah, placé ici comme garde de frontière dans le khanat de Maymène. Cette taxe n'est autre que la gratification (argent comptant) qu'il est d'usage, dans l'Asie centrale, de donner à ceux qui vous ont escorté ; le yusbachi était, lui, autorisé à la faire payer par tout homme qui franchissait la frontière, alors même qu'il n'avait rendu aucun service. Ces procédés ne laissèrent pas de m'étonner quelque peu. « Mais, me dit un de mes compagnons à qui j'exprimais à ce sujet mes sentiments, soyons heureux déjà et remercions

Dieu de ce qu'ils se contentent d'agir ainsi. Tout récemment encore on ne pouvait, sans courir les plus graves dangers, traverser Maymène ou Audkoug : le khan faisait alors piller lui-même les caravanes. »

C'est à Tchitchekou que je vis pour la dernière fois des nomades uzbegs ; j'ai conservé un excellent souvenir de ces braves gens, à la parole si franche et au cœur si droit. Les Uzbegs que j'ai rencontrés dans les khanats de Khiva et de Bokhara sont, de tous les indigènes de l'Asie centrale, de beaucoup les plus honnêtes.

A Dschemchidi, la caravane fut placée sous la protection d'une escorte que le khan de Balab-Murgab avait envoyée au-devant de nous. La route traversait une vallée assez large ; sur le flanc droit habitent des Turcomans-Sarick ; le flanc gauche est occupé par les Fainskulus, bandits de la pire espèce.

Le sol est d'une extrême fertilité ; mais il reste inculte faute d'habitants. Le kervan-bachi nous affirma que nous traversions là l'endroit le plus périlleux de tout le voyage.

Notre escorte, composée de trente hommes bien montés et bien armés, plus une soixantaine d'entre nous parfaitement en état de combattre, constituait une force respectable si nous venions à être attaqués. A chaque pas, on détachait sur les hauteurs, des deux côtés de la route, de nombreuses vedettes; chacun se tenait sur ses gardes, et l'anxiété la plus vive était peinte sur les visages. On comprendra aisément dans quelle situation d'esprit se trouvaient surtout les pauvres esclaves émancipés à grands frais, se voyant maintenant menacés d'une captivité nouvelle.

L'importance de notre caravane et les précautions que nous avions prises nous mirent heureusement à l'abri de toute surprise.

Pendant toute la journée on traversa d'admirables prairies couvertes, malgré la saison avancée, d'un épais gazon dont l'herbe et les fleurs nous montaient jusqu'aux genoux. Après nous être reposés la nuit, nous arrivâmes le lendemain matin aux ruines de la forteresse de Kale-Velis. Deux ans auparavant elle était encore habitée; mais une bande de Turcomans-Sarick s'en était emparée par un coup de main et l'avait livrée à toutes les horreurs du pillage. Ils avaient vendu comme esclaves les habitants qu'ils n'avaient pas massacrés sur place. Bientôt les quelques maisons et les remparts qui sont encore debout ne formeront plus qu'un monceau de ruines.

Il y avait à peine un jour que les cavaliers de Dschemchidi nous escortaient, que déjà ils réclamaient leur « argent du fouet ». Cette taxe était double pour les esclaves. Pour justifier leurs prétentions, nos gardiens se fondaient sur ce qu'ils ne recevraient rien du péage prélevé par le khan à Balab-Murgab.

Vers le soir du second jour qui suivit notre départ de Tchitchekou, nous sortions de la belle et dangereuse vallée. La route qui de là conduit à la rivière Murgab est encaissée dans un défilé des plus étroits; la pente fort rapide rendait en même temps très difficile le passage des chameaux chargés, qu'on était réduit à laisser marcher comme bon leur semble; c'est, d'ailleurs, le seul chemin par lequel on peut franchir la montagne pour arriver à la rivière. Un corps de troupes qui aurait à franchir la Murgab se trouverait placé dans cette alternative : ou de passer par le désert, ce qui n'est possible qu'autant que l'on se trouve en bons termes avec les Salar et les Sarick, ou de suivre cette gorge étroite, et pour cela avoir pour alliés les Dschemchud. Quelques hommes suffiraient, en effet, pour y tenir en échec toute une armée.

Il était minuit quand nous arrivâmes à la rivière. Épuisés par toutes les difficultés que nous avions eues à surmonter, par cette marche si pénible dans la montagne, bêtes et gens, tous furent bientôt plongés dans le plus profond sommeil.

Quand le matin je m'éveillai, je vis se dresser devant moi un riant tableau. Nous nous trouvions dans une longue vallée circonscrite par des hauteurs, et dont le thalweg servait de lit aux eaux limpides et vertes de la Murgab.

Il nous fallut longer la rivière pendant plus d'une demi-heure avant de trouver un gué. Si d'un côté le courant est très violent, bien que l'eau ne soit pas très profonde, on ne peut d'un autre côté le franchir à cause des blocs énormes de pierre qui l'encombrent.

Les chevaux, plus dociles, entrèrent les premiers dans la rivière, puis ce fut le tour des chameaux; enfin nos ânes devaient fermer la marche. Sachant combien ces derniers redoutent l'eau et craignent de poser leur pied dans la boue, j'avais eu soin de caser sur le dos d'un chameau le sac qui contenait mes manuscrits, les dépouilles opimes de mon voyage. Bien m'en prit.

M'étant installé sur mon âne je le contraignis à entrer dans l'eau. A peine y avait-il fait quelques pas, que je sentis le pied lui manquer, et nous fûmes renversés dans l'eau, à la grande hilarité des spectateurs.

Ma monture eut heureusement la bonne inspiration de ne pas revenir sur ses pas et de gagner l'autre rive. Pour moi, le bain froid que je venais de prendre d'assez bonne heure, il est vrai, dans les eaux transparentes de la Murgab, n'eut rien que de très ennuyeux. N'ayant qu'un seul vêtement, je dus le mettre sécher au soleil et, en attendant, demeurer plusieurs heures caché sous des tapis et des sacs.

J'en fus quitte pour une fièvre légère. Ce malaise passager fut, du reste, promptement chassé par le sentiment de profonde satisfaction que je ressentais à mesure que j'avançais dans le chemin du retour. Le reste de notre voyage s'accomplit sans autre incident.

Le voyageur qui arrive du nord par la montagne Thodsch-Ab Jubbah-Ausari éprouve une agréable surprise à l'aspect de la belle plaine de Dscholgei-Hérat, avec ses mille canaux rayonnant jusqu'à l'extrême limite de l'horizon, et les nombreux villages dont elle est parsemée. Les arbres, cet ornement principal de tout paysage, y font malheureusement défaut.

Nous voici donc enfin à Hérat, la porte ou, comme on le dit à bon droit, « la clef » de l'Asie centrale.

Les Orientaux ont donné à Hérat le surnom de *Dschemetsifat* (Semblable au paradis); l'hyperbole est bien orientale. Cependant, malgré son exagération, on ne saurait refuser à Hérat et à la contrée qui l'environne un certain air d'abondance et de richesse qui constitue à lui seul un puissant attrait. Ce sont précisément ces avantages naturels et cette situation politique qui font de la ville une pomme de discorde que se disputent sans cesse ses voisins rapaces et batailleurs.

Quand on songe aux assauts et aux horribles pillages que la ville a eu à subir, on se demande par quel miracle elle est encore debout. Il faut reconnaître qu'elle est douée d'une force de vitalité vraiment extraordinaire.

A notre arrivée il y avait à peine deux mois que les hordes sauvages des Afghans avaient tout ravagé, tout mis à sac, et cependant les champs et les vignobles présentaient le plus bel aspect; les prairies étaient couvertes de hautes herbes diaprées de fleurs où les papillons voletaient comme autant de fleurs animées.

Comme presque toutes les villes d'Orient, celle-ci a des ruines anciennes et modernes, et comme partout ailleurs les premières sont de beaucoup les plus belles et les plus majestueuses. Ce qui reste des monuments érigés sur la Mosalla (place de la Prière) nous remet en mémoire l'antique cité de Timour; les tours rondes que l'on rencontre isolément çà et là nous rappellent les environs d'Ispahan; mais la ville et la citadelle constituaient un écroulement tel, qu'on n'en rencontre pas de pareils, même dans ce pays aux catastrophes extraordinaires.

Nous entrâmes dans Hérat par la porte Dervase-Arak. Les maisons situées en dehors des fortifications et les ouvrages avancés, ainsi que la porte elle-même, formaient de véritables monticules de décombres. La citadelle (l'ark), qui, à cause de sa position dominante, avait servi de point de mire aux batteries afghanes, était à moitié démolie et brûlée; elle semble chanceler sur sa base, et, à travers les ouvertures béantes, on entrevoit dans l'enceinte quelques sentinelles afghanes et hindoues, immobiles et pareilles à des vautours repus, digérant lourdement après la curée.

A chaque pas les traces de pillage se faisaient plus nombreuses; des quartiers tout entiers étaient détruits et abandonnés. Partout le spectacle d'une désolation morne et muette. Seul le bazar, ou plutôt sa partie construite en dôme, qui déjà a résisté à tant de sièges, est resté seul debout. Il offrait, malgré sa population nouvelle datant à peine de deux mois, un curieux échantillon d'activité.

On y voyait grouiller un amas d'Hindous, de Persans et d'habitants de l'Asie centrale, encore plus typiquement représentés que dans le bazar de Bokhara.

La foule n'existe réellement qu'entre le caravansérail d'Hadji-Besul et celui du Nô, situés non loin l'un de l'autre; mais on reste frappé en présence de la diversité des races qui la composent : Hindous, Afghans, Persans, Juifs, Turcomans, Tartares, tous s'y pressent. L'Afghan, là comme partout où il se trouve, se pavane avec orgueil, soit qu'il porte son costume national, composé d'une longue chemise tombant sur son caleçon, et d'un foulard de toile remarquable par sa malpropreté; soit qu'il ait son uniforme militaire. Celui-ci se compose presque toujours d'une tunique anglaise rouge qu'il passe par-dessus sa chemise. Il affectionne tellement ce vêtement rouge, qu'il ne le quitte même pas pour dormir.

Quelques-uns plus civilisés ont déjà adopté une tenue qui tient du costume persan et du costume national.

Personne ne sort sans armes. Civil ou militaire, tout le monde porte, même au bazar, celles qui lui sont nécessaires soit pour frapper, soit pour se défendre. Le suprême bon ton veut que l'on ait sur soi un véritable arsenal, consistant en deux pistolets d'arçon, un sabre, plusieurs poignards, un kandjar, une carabine et un bouclier. L'Afghan ne peut guère être comparé qu'au Turcoman-Dschemchodi : même démarche fanfaronne, même férocité. Le malheureux Hérati, l'Hésare presque nu, le Teymuri des environs d'Hérat pâlissent et tremblent à son aspect; jamais conquérant despote ne fut haï d'une haine pareille à celle que l'Hérati porte à ses nouveaux oppresseurs.

A mon arrivée à Hérat mes ressources financières étaient entièrement épuisées. Aux portes de la ville je me trouvai réduit à la triste nécessité de vendre mon petit âne, qui avait fait si bravement et si allègrement tant de longues et fatigantes étapes. Je me séparai bien à regret de la pauvre bête, dont je n'obtins que vingt-six krauss. Il me fallut en donner cinq au fisc, et, lorsque j'eus payé quelques petites dettes que j'avais contractées envers des membres de la caravane, il ne me resta presque rien.

Ma situation se trouvait donc être des plus critiques. Tant bien que mal je trouvais dans les aumônes que l'on me faisait de quoi ne pas avoir à souffrir de la faim; mais, par contre, je n'avais pu me loger; les nuits, je les passais à la belle étoile ou dans quelque ruine ouverte à tous les vents, couché sur la dure, le corps peine couvert et par une température qui chaque jour devenait de plus en plus glaciale. Cette existence n'était pas seulement désagréable, mais compromettait fortement ma santé.

La pensée que je me trouvais à dix jours de marche à peine de la Perse me rendait quelque courage et m'aidait à prendre patience. Malheureusement il se présentait aussi pour moi de grandes difficultés; je ne pouvais, en effet, songer à partir seul, et, d'autre part, la caravane qui se disposait à partir pour Mesched attendait encore d'autres voyageurs, afin de se trouver en nombre suffisant pour n'avoir rien à redouter des attaques des Turcomans-Tecks, qui tenaient toutes les campagnes des environs et venaient faire des démonstrations jusqu'aux portes mêmes d'Hérat.

Pour comble de malheur, tous les hadjis qui étaient venus avec moi de Samarkand à Hérat me quittèrent dans cette dernière ville. Un seul resta avec moi : le mollah Ichak, mon fidèle compagnon de Kungrad. Sa confiance en moi était absolue, et il avait la pleine certitude, ainsi que je le lui avais promis, qu'un sort meilleur nous était réservé. L'honnête jeune homme mendiait toute la journée pour nous procurer des vivres et le chauffage; et le soir il préparait notre nourriture que nous partagions fraternellement; mais il refusait respectueusement de manger en même temps que moi dans l'unique assiette dont nous étions pourvus.

Pour ne rien négliger de ce qui pouvait hâter notre départ et favoriser notre voyage, je parvins à me faire présenter au prince régent, le Serdar-Mehemet-Jakul-Khan, jeune homme de seize ans et fils du roi de Caboul. Celui-ci venait de faire la conquête du Hérat quand il dut retourner subitement dans l'Afghanistan pour mettre fin aux menées de ses frères, qui cherchaient à le supplanter sur le trône; il donna donc au jeune prince le gouvernement de la province qu'il venait d'annexer, et rentra à Caboul. Mehemet-Jakul-Khan habitait le Tscharbag. Ce palais, habité naguère par le major Tod, avait beaucoup souffert du siège; il était cependant plus habitable que la citadelle, presque entièrement démolie. Le palais renfermait une grande cour carrée pompeusement décorée du nom de jardin, bien qu'on n'y pût voir que trois ou quatre arbres rachitiques, et dans laquelle couchaient les serviteurs du prince. Sur cette cour donnaient les fenêtres de la salle d'audience publique. Pendant ces audiences, qui avaient lieu tous les jours et duraient de quatre à cinq heures, le prince, toujours en uniforme, se tenait habituellement assis dans un fauteuil près de la fenêtre; et comme les demandes, les réclamations et les plaintes de tous les solliciteurs qui défilaient devant lui et qu'il était obligé d'accueillir ne manquaient pas de l'ennuyer considérablement, il faisait, pour se distraire, manœuvrer sous ses yeux, dans la cour, quelques compagnies de la garde risale (l'élite des troupes afghanes). Le prince semblait prendre le plus grand plaisir à voir les soldats se mouvoir et à écouter les commandements sonores du chef, qui faisait entendre, avec un accent britannique des plus prononcés, les commandements de : *Right shoulder, forward! Left-shoulder, forward*, etc.

Quand j'entrai dans la cour, en compagnie de mon fidèle ami Mollah-Ichak, les soldats y faisaient justement l'exercice. Ces soldats avaient une excellente tenue, bien meilleure que celle de l'armée ottomane.

On eût dit de véritables soldats européens, n'étaient leurs souliers rouges de Caboul, à bouts pointus, et leurs pantalons trop courts, tellement tendus par de longs sous-pieds, qu'on s'attend à chaque mouvement à les voir craquer aux genoux.

Après les avoir regardés manœuvrer pendant quelques minutes, je me dirigeai vers la salle d'audience, dont la porte était obstruée par une foule compacte, composée de militaires, de domestiques et de solliciteurs. Grâce à l'énorme turban qui entourait ma tête et celle de mon compagnon et à la physionomie ascétique que m'avaient faite les misères de mon long voyage, nous pûmes nous frayer un passage jusqu'à la salle d'audience.

J'aperçus le prince assis comme je l'ai dit; il avait son vizir à sa droite; autour de lui se tenaient, en rang de préséance, les officiers, les mollahs et les Hérati. Devant le prince était le *mohurdar* (garde des sceaux), entouré de cinq serviteurs.

Fidèle à mon caractère de derviche, je m'avançais gravement en faisant les salutations habituelles.

Sans m'inquiéter de l'entourage, j'allai directement au prince et je m'assis entre lui et son vizir, un corpulent Afghan à qui j'ordonnai de me céder sa place.

Cette façon d'agir provoqua les rires du prince.

Je ne me laissai pas démonter.

J'élevai les mains au ciel et récitai la prière consacrée.

Le prince me regarda alors fixement dans les yeux et parut fort intrigué.

Quand j'eus prononcé l'amen et que tout le monde se fut caressé la barbe, le Serdar se souleva à demi de son siège et s'écria moitié riant, moitié sérieux : *Cewallai Billahi Schuma Ingilis Heistid :* « Par Allah ! je jure que vous êtes Anglais ! » Et il me désigna du doigt.

Un éclat de rire général souligna la phrase du jeune prince. Il descendit aussitôt de son siège, se campa en face de moi, et, frappant dans ses mains comme un enfant joyeux d'avoir trouvé une espièglerie, il s'écria : « Avoue que tu es un Anglais et que tu voyages sous un faux nom ! »

J'aurais été heureux de le laisser dans la joie de sa découverte, mais j'avais trop à craindre du fanatisme afghan. Je feignis de trouver la plaisanterie mauvaise, et je répondis sans broncher :

« *Sahib necun* (en voilà assez) ! Tu connais le précepte : « Celui qui, même par plaisante-
« rie, traite un vrai croyant d'infidèle, devient
« un infidèle lui-même. » Donne-moi plutôt quelque chose qui me permette de continuer mon voyage. »

Ma mine sérieuse et l'*hade* que je récitai décontenancèrent le jeune homme ; il se rassit en s'excusant tout honteux, et dit qu'il n'avait jamais vu d'hadji de Bokhara ayant une coupe de visage aussi peu asiatique que la mienne.

Je lui fis observer que je n'étais nullement de

Bokhara, mais bien de Constantinople. Et pour le lui prouver je lui montrai mon passeport et je lui parlai de son cousin Dschilaleddin-Khan, fils d'Ab-Kar-Khan, qui, en 1860, avait fait le voyage de la Mecque et de Constantinople et avait été royalement traité par le sultan. Il me parut convaincu; le passeport passa de main en main et fut trouvé régulier.

Le prince me donna alors quelques krauss et me congédia en me recommandant de revenir le voir avant mon départ.

Le 10 décembre notre caravane était au grand complet; nous quittâmes Hérat, et nous nous rendîmes à Mesched, la capitale du Khoraçan, où nous arrivâmes après douze jours d'un voyage pénible, mais sans incident particulier.

Dès que j'aperçus dans le lointain la coupole dorée de la mosquée et du tombeau d'Iman-Risa, j'éprouvai la joie du naufragé cramponné depuis de longs jours à une épave ballottée par une mer en furie, et qui voit enfin le vaisseau sauveur.

Mesched était le lieu où je pouvais enfin lever le masque, dépouiller, avec mes haillons, l'apparence et la réalité de la pauvreté; en un mot, voir le terme des privations endurées pendant dix mois d'aventures périlleuses. A Mesched, je devais rencontrer un prince éclairé, gouverneur de la province et oncle du roi de Perse; j'avais encore l'espoir d'embrasser un ancien ami, le seul Européen fixé dans ces régions reculées de l'Orient. Il n'est donc pas surprenant que l'aspect de la coupole sous laquelle reposent les restes mortels d'Iman-Riza jetât mon cœur dans le ravissement; il n'est pas surprenant que je partageasse les transports des fanatiques qui se rassemblent par milliers autour du tombeau de leur saint ou des pèlerins qui, après un voyage long et pénible à travers le Turkestan, l'Afghanistan ou l'Inde, voient enfin devant eux le but de leurs dévotes aspirations.

Lorsqu'ils contemplent pour la première fois la célèbre ville de Mesched, les pèlerins ont coutume, pour témoigner leur joie, d'élever de petites colonnes en pierres ou de suspendre toutes sortes de haillons bigarrés aux branches des arbres environnants, en même temps qu'ils chantent des hymnes et des refrains pieux. Iman-Riza, qui les attire si loin de leurs foyers, est le huitième des douze imans. Il porte le titre honorifique de *sultan al Gureba* (prince des étrangers), et il est considéré comme le patron des voyageurs. Sachant que lui-même était mort en exil, je trouvai très naturel l'enthousiasme qu'éprouvent ses adhérents lorsque, après avoir échappé aux hordes féroces des Turcomans et aux autres dangers du voyage, ils se trouvent enfin dans le voisinage de sa cité.

C'était par une de ces belles matinées d'automne si fréquentes dans la partie orientale de l'Iran. L'aspect de la ville, semblable à une oasis entourée de jardins et tout étincelante de minarets, est d'autant plus frappant, que la contrée d'alentour n'est rien moins que pittoresque et n'offre aux regards qu'une vaste plaine interrompue seulement de loin en loin par quelques collines.

Je ne saurais dire ce qui se passa alors dans la caravane, car mes yeux étaient rivés sur les monuments agglomérés devant moi. Toutefois ce n'était ni le cercueil de l'iman, ni les cendres du grand Haroun-al-Raschid, ni le monument du célèbre astronome Nureddin-Tusi, ni ceux de Gazali ou de Nizam-ul-Mulk, qui absorbaient mon attention. Mes préoccupations personnelles rejetaient sur l'arrière-plan tous ces souvenirs historiques; toute pensée étrangère s'effaçait devant l'agréable conviction que mes épreuves touchaient à leur fin et qu'une vie nouvelle allait commencer pour moi à mon entrée dans Mesched.

Il fallut sortir de mes rêveries lorsque la

caravane, traversant le Dervaze-Hérat (porte d'Hérat), atteignit la longue et large rue de Pajen-Khiaban (allée inférieure) et se dirigea vers le Sahni-Sherif (vestibule sacré). Le large canal bordé d'arbres touffus offre une perspective fort agréable et ne contribue pas peu à faire de Mesched une des plus belles villes de la Perse. Une foule nombreuse s'agite incessamment dans ses rues, où l'on rencontre tous les costumes de la Perse et même de l'Asie orientale, car cette cité sainte est le grand rendez-vous du monde chyite.

L'Indien, l'habitant d'Hérat et le Bokhariote, qui dans leur propre pays sont courbés sous le joug des sunnites, marchent fièrement, tête levée, et forment un contraste étrange avec le Turcoman ou l'Uzbeg, qui se glisse furtivement le long des murs. C'est que le Turcoman est sunnite et par conséquent étranger, que dis-je? détesté dans cette capitale du monde chyite. Il est vrai qu'il n'a guère à redouter de mauvais traitements dans l'Iran, mais il a conscience de la cruauté qu'il exerce chez lui envers les partisans d'Ali, et ce souvenir lui inspire une certaine humilité.

Les rues de Mesched, rarement désertes, sont surtout animées pendant les beaux jours d'automne; le voyageur qui, à cette époque, entre dix heures et midi, examine les groupes nombreux qui s'y pressent, est tellement étourdi par la variété des objets qui l'entourent, qu'il lui est difficile de se former une idée distincte d'aucun d'eux.

Sur une étendue de deux cents pas environ, à partir du magnifique édifice consacré à l'iman, des deux côtés de la rue et le long du canal, les revendeurs et les petits marchands, portant leurs denrées dans leurs mains, sur leurs épaules ou sur leur tête, occasionnent par leurs cris et leurs gesticulations le plus étrange tumulte, le vacarme le plus épouvantable.

Vendeurs et acheteurs sont confondus, et il est souvent impossible de se frayer un chemin à travers cette muraille humaine. Cependant un encombrement dans les rues est chose rare. Des piétons, des cavaliers, des chameaux chargés, de longues files de mules attachées les unes derrière les autres, portant des balles de marchandise ou des *kedjeves* (paniers de voyage) hors desquels des femmes élégantes, à demi voilées, se penchent avec coquetterie, franchissent continuellement les portes de cette ville sainte. Celui qui sort est salué de tous côtés par le cri *Ziareth khabul* (Puisse ton pèlerinage être accepté!), et celui qui arrive, par les mots *Iltimasi dua* (Prie pour moi).

Au milieu de ce chaos et de ce bruit assourdissant, les mendiants trouvent cependant moyen, grâce à leurs cris perçants, de prélever leur tribut sur les dévôts pèlerins. Les innombrables Seyds (descendants du Prophète), reconnaissables à leurs turbans verts, ont un tact infaillible pour reconnaître un étranger, et ils l'entourent en lui offrant leurs services en qualité de guides dans les différents lieux saints. La foule chante et hurle; le violent muletier de Chiraz jure et frappe à droite et à gauche; les femmes et les enfants poussent des cris de terreur.

Il semble que la confusion soit arrivée à son comble et que des accidents soient imminents. Cependant, de façon ou d'autre, l'ordre est maintenu et chacun arrive à sa destination sans avoir éprouvé aucune perte, sans aucun sujet de plainte.

Accoutumé au caractère contraint et morose des habitants du Turkestan, je fus charmé du spectacle animé qui s'offrait à mes yeux. Je me rendis dans un caravansérail, j'y fis mes ablutions et j'arrangeai de mon mieux mes haillons afin de pouvoir me mettre à la recherche de mon ami européen le colonel Dolmage. Ce n'est jamais chose agréable de courir après un *feringee* dans la sainte ville de Mesched; mais la tâche est doublement difficile pour un hadji comme je l'étais, du moins en apparence. Après avoir parcouru la ville en tous sens, je parvins enfin à la porte de la maison qu'il habitait. Comment peindre l'émotion que j'éprouvai en levant le marteau !

Au bruit qu'il fit en retombant, un domestique parut ; mais à peine m'eut-il aperçu, qu'il me lança la porte au visage en m'accablant d'injures et de malédictions. Je frappai une seconde fois.

Le même domestique revint ; mais, cette fois, je pénétrai de force dans la cour sans lui laisser le temps de parler. « Qui es-tu ? que demandes-tu, hadji ? vociféra le portier ; quelle affaire peux-tu avoir avec mon maître ? ne sais-tu pas que c'est un infidèle ?

— Fidèle ou infidèle, répliquai-je avec colère, hâte-toi de lui annoncer un visiteur arrivant de Bokhara. »

Le domestique obéit, et j'entrai dans la maison. Quelle fut ma joie en apercevant ces deux meubles, indices certains de la civilisation européenne : une table et une chaise ! Je restai en extase comme devant de saintes reliques ; je n'en pouvais détacher mes yeux, qui se mouillaient de larmes en les contemplant, et je fus quelque temps avant d'apercevoir un journal posé sur la table. C'était un numéro de l'*Hérald du Levant*, publié à Constantinople.

Que de nouvelles intéressantes mon œil avide découvrit dans ses colonnes ! J'étais absorbé dans cette lecture, lorsque parut tout à coup devant moi le jeune officier anglais dans son uniforme européen. Il me regarda fixement sans parvenir à me reconnaître. Pendant l'espace de quatre minutes environ nous restâmes debout et immobiles, nous examinant en silence.

Voyant enfin que mes traits lui paraissaient absolument inconnus, chose peu surprenante, du reste, par l'effet du changement qui s'était opéré dans mon extérieur, je m'écriai en anglais : « Eh quoi ! vous ne me reconnaissez pas ? » Ma voix rompit le charme. Le colonel me reconnut, se souvint en même temps de mes aventures, dont il avait entendu parler vaguement : pour toute réponse, il m'embrassa, et se mit à pleurer comme un enfant en voyant mon aspect misérable.

Cette étreinte le couvrit immédiatement d'une multitude de ces petits insectes qui fourmillaient sur moi. Il n'y fit que peu ou point d'attention ; mais par ses questions : « Au nom du ciel, qu'avez-vous fait, que vous est-il arrivé ? » je pus juger des ravages terribles exercés sur mon extérieur par mes aventures périlleuses.

Une mosquée à Mesched.

Notre conversation se prolongea fort avant dans la soirée. Inutile de dire les sentiments de pitié que le détail de mes souffrances éveilla dans le cœur de mon auditeur sympathique. En Europe, nous eussions été séparés par des considérations de rang et de nationalité; mais ici les liens du sang même n'eussent pu nous unir plus étroitement que notre titre commun d'Européens, et le colonel Dolmage m'en donna bien la preuve. Pendant un séjour d'un mois, je lui causai de nombreux ennuis; cependant il se montra toujours aussi cordial, aussi affectueux; c'est grâce à lui seul que je recouvrai les forces physiques et morales nécessaires pour continuer ma route vers ma patrie.

Après quelques jours consacrés au repos, je sentis ma curiosité s'éveiller de nouveau, et je résolus de visiter Mesched, sans contredit une des villes les plus intéressantes de l'Asie orientale. Mais Mesched renferme un si grand nombre d'objets dignes de fixer l'attention d'un étranger, que je ne savais par où commencer. Devais-je étudier d'abord ses monuments historiques, religieux ou littéraires?

Lorsque j'entrai pour la première fois dans le Sahni-Sherif, mon admiration fut remarquée par un certain nombre de Seyds avides, qui, me prenant tout naturellement pour un pèlerin, s'empressèrent de me signaler les beautés du tombeau sacré. Ainsi, je me voyais presque contraint de pénétrer dans ce sanctuaire, sur lequel Connolly, Frazer, Burnes, Chanikoff et Eastwick lui-même se fussent estimés heureux de jeter un regard à la dérobée. Toutefois je dois avouer qu'après mes dix mois de pseudo-pèlerinage, j'étais rassasié des choses saintes de l'islamisme : je rejetai donc les offres de service qui m'étaient faites avec tant d'importunité, préférant visiter le monument situé à gauche du Sahni, ainsi que la splendide mosquée de Gowher-Shah.

Le premier de ces édifices, orné d'incrustations en or au dedans aussi bien qu'au dehors, est incontestablement le mausolée le plus riche du monde islamite; il surpasse en magnificence Médine même; Nedjef, tombeau d'Ali; Kerbela, qui renferme les restes d'Iman-Hussein, et Kum, où repose Fatima, sœur d'Iman-Riza. Bien que ce monument ait été pillé plusieurs fois, les coupoles, les tours et la grille ciselée de l'intérieur renferment encore des richesses incalculables.

Mesched eut surtout à souffrir de l'invasion des Uzbegs, qui, en 1587, sous leur chef Abdul-Muria, khan de Bokhara, saccagèrent la ville et emmenèrent en captivité un grand nombre de ses habitants. Elle fut aussi désolée par les Afghans et par des guerres civiles qui éclatèrent dans son enceinte. On prétend que les fils de Nadir emportèrent la boule en or qui surmontait le dôme du mausolée : cette boule pesait, dit-on, quatre cent vingt livres. Dans des temps plus rapprochés, le chef rebelle Salar déroba plusieurs objets de prix. Cependant les murailles sont encore ornées des joyaux les plus précieux, rassemblés en ce lieu par le zèle pieux des chyites, qui ont une grande vénération pour la mémoire de leur saint. Ici l'on voit une aigrette (*djikka*) de diamants ; là une épée et un bouclier garnis de rubis et d'émeraudes ; de riches bracelets, des candélabres massifs, des colliers d'une immense valeur.

Le visiteur, ébloui à la vue de tous ces trésors, ne sait ce qu'il doit admirer le plus : l'élégante construction du dôme, les vitraux, les riches arabesques, les tapis somptueux parsemés de diamants, la grille en argent massif ou la foule des adorateurs qui se pressent autour du mausolée. Ces derniers cependant sont, sans contredit, ce qu'il y a de plus intéressant. Quelle contrition, quelle humilité, quelle ferveur, quelle joie, quels transports remplissent le cœur du chyite devant cette tombe vénérée! Des tablettes, sur lesquelles ont été inscrites les prières ordinaires, sont suspendues aux piliers de la grille. Devant chacune de ces tablettes se groupent un petit nombre de fidèles, qui prient individuellement ou répètent les paroles de leur chef spirituel. Ils accompagnent leurs prières de cris et de sanglots, comme s'ils espéraient s'ouvrir ainsi les portes des demeures éternelles.

Le Kurde farouche, l'habitant rusé de Chiraz et d'Ispahan, le Turc naïf d'Aderbijan, l'habitant méfiant de l'Asie centrale, les fils des khans et des mirzas, les pauvres paysans, les humbles serviteurs, sont là confondus ensemble. C'est vraiment un spectacle étrange de voir avec quelle ardeur ces enfants grossiers de l'Asie collent leurs lèvres sur la grille, sur les dalles et surtout sur le grand cadenas qui ferme l'entrée du tombeau.

Il n'y a que les prêtres et les Seyds qui ne partagent point ces sentiments de dévotion. Leur unique souci est d'arracher un tribut au pèlerin. Ils se frayent un chemin au milieu de la foule des fidèles, et ne se retirent qu'après avoir obtenu, par leurs félicitations ou par quelque service, l'obole désirée.

Lorsque ses dévotions sont terminées, le pèlerin, rempli d'une crainte respectueuse, sort à reculons du monument. Désormais il a droit au titre honorifique de *meschedi :* ce titre sera gravé sur son cachet de son vivant, et sur sa tombe après sa mort ; il précédera son nom comme un surnom et lui procurera tout autant de gloire et de bénédictions que celui d'*hadji* (pèlerin à la Mecque). Lorsqu'il se retrouve en plein air, le pèlerin respire longuement ; ses yeux laissent éclater la joie la plus vive, car non seulement il est délivré du fardeau de ses iniquités passées, mais il est tranquille pour le reste de son pèlerinage terrestre.

La mosquée Gowher-Shah, qui se trouve dans la même cour, vis-à-vis le monument consacré à Iman-Riza, est plus remarquable par les détails de son architecture que par ses richesses. Son portail grandiose, avec ses incrustations aux couleurs éclatantes (en tuiles vernissées), offre un coup d'œil ravissant lorsqu'il est éclairé par les rayons du soleil.

J'ai été longtemps avant de pouvoir décider auquel des portails de Mesched, de Samarkand ou d'Hérat appartenait la palme. Ils sont tous les trois du même style, sinon du même architecte, car il est certain qu'ils datent tous du règne de Shahrah Mirza. Il se peut que le Madrass Kanum de Samarkand et le Musalla d'Hérat aient plus de magnificence, mais je ne puis admettre qu'ils soient plus réellement beaux. Ce qui domine à l'intérieur aussi bien qu'à l'extérieur du monument, ce sont les tuiles peintes.

On y trouve assurément de l'or et de l'argent, mais les Persans sont dans le vrai en disant que si le monument d'Iman-Riza est le plus grandiose comme architecture, celui-ci est plus riche au point de vue de l'art.

En quittant ce splendide édifice, je fus porté par le flot des mendiants et des pèlerins au réfectoire d'Iman-Riza ou, comme les indigènes le nomment, à l'Ashbaz Khanei Hazret (cuisine de Sa Hautesse). Le Hazret, c'est ainsi que l'on désigne *par excellence* Sa Sainteté, a la réputation d'être extrêmement riche. Il a des bains, des caravansérails, des bazars, des pensions, des savonneries, en un mot, tout ce qui peut contribuer au bien-être des visiteurs qui affluent chez lui. Tout étranger peut être son hôte pendant sept jours.

Les riches pèlerins ne profitent naturellement pas de cette hospitalité, mais les plus pauvres refusent rarement de satisfaire leur appétit aux dépens de Sa Hautesse pendant les six jours qu'ils doivent passer dans la ville. Bien que la cuisine de mon ami Dolmage ne laissât rien à désirer, je ne pus résister à ma curiosité, et je résolus d'utiliser pour la dernière fois mon costume bokhariote. Grâce à ce costume, personne ne s'étonna de me voir accroupi au milieu de la foule des pèlerins chyites ou sunnites.

Après avoir attendu quelque temps dans la grande salle, nous vîmes apparaître une troupe de domestiques portant des plats de riz fumant. On a raconté des merveilles de l'hospitalité du Hazret, mais la graisse rance et le riz avarié me prouvèrent qu'il y a beaucoup d'exagération dans ces assertions. Je plongeai donc les mains dans le plat, comme les autres, mais je me gardai bien de rien manger, et j'éprouvai même un grand soulagement lorsque la table fut enlevée et que je pus me retirer.

Tout bien considéré, je crois que ce sont les richesses fabuleuses attribuées à Iman-Riza, plus que son renom de sainteté, plus que son droit inviolable d'asile, qui excitent à un si haut point l'admiration du Persan avare et cupide. Les vrais croyants sont seuls admis à visiter les lieux saints.

On s'imagine sans doute que les regards des infidèles suffiraient pour les profaner, car il n'est pas même permis aux Hindous, aux Arméniens et aux Juifs d'en approcher à une distance de cinq cents pas.

Puisque je parle des Juifs, je veux raconter la surprise que me causa l'un d'eux, avec lequel j'avais voyagé en revenant de Bokhara. L'apercevant un jour dans la rue, je l'appelai : « Yehudi ! Yehudi ! » Il s'approcha aussitôt et me dit à voix basse : « Pour l'amour de Dieu, hadji, ne me donne pas ce titre ici. En dehors de ces murs j'appartiens à ma nation, mais dans leur enceinte je dois passer pour musulman. »

Cette crainte et cette dissimulation de la part des Juifs ont leur source dans les circonstances caractéristiques que je vais rapporter. Il y a quelques années, une Juive, ayant été atteinte d'une éruption sur la main, alla consulter un docteur persan ; celui-ci lui conseilla de plonger la main malade dans les entrailles fumantes d'un chien. Dans son désir de guérir, elle se décida, malgré la répugnance que lui causait ce moyen, à faire tuer un des misérables animaux qui parcourent les rues, pour suivre l'ordonnance.

Malheureusement ce fait se passa le jour même où les mahométans célébraient l'Eidi Kurban (fête du Sacrifice). L'histoire du chien égorgé se répandit rapidement, et, comme les Juifs sont universellement détestés, la malveillance n'eut pas de peine à présenter la chose comme une parodie des coutumes des fidèles. La populace, qui trouvait là une occasion de satisfaire à la fois sa rapacité et sa férocité, se précipita dans le quartier des Juifs, où elle pilla et égorgea sans merci. Les enfants d'Israël qui échappèrent au massacre ne conservèrent leur vie qu'à la condition d'embrasser l'islamisme.

Il va sans dire que cette conversion forcée est limitée aux murs de Mesched ; partout ailleurs le Juif reste fidèle à la foi de ses pères. Avec le temps, et grâce à l'influence européenne, l'intolérance des mahométans a quelque peu diminué; toutefois le Juif continue à se faire passer pour mahométan toutes les fois qu'il se trouve dans cette cité sainte.

Je me divertis beaucoup de l'erreur de mes compagnons de pèlerinage, qui, sur la foi de mon costume et de mon langage, voulaient absolument voir en moi un Bokhariote pur sang. Il est vrai qu'une pratique constante m'avait complètement familiarisé avec le dialecte de l'Asie centrale; aussi leur affirmais-je vainement que j'étais natif de Stamboul.

« Oui, oui, me répondaient-ils d'un air narquois, nous vous connaissons bien; vous autres Bokhariotes, vous voudriez tous cacher votre origine, car vous craignez de recevoir le juste châtiment de la cruauté que vous exercez chez vous; mais c'est peine perdue, nous ne sommes pas vos dupes. »

Ainsi Bokhariote à Meshed, Persan en Bokharie, Russe, Européen ou quelque autre personnage mystérieux pendant la route, quelle nouvelle transformation me feront-ils subir ? Mais ces doutes et ces soupçons étaient fort heureusement sans danger pour moi, dans un pays où il existe au moins l'ombre d'un gouvernement.

Dans la haute Asie tout est dissimulation : chacun y vit incognito, surtout le voyageur. Comme mon cœur battait à la pensée que je sortirais bientôt de cette terre du mensonge pour rentrer en Occident, dans cet Occident mille fois supérieur à l'Orient, en dépit de ses vices et de ses abus ; dans cet Occident qui renferme ma patrie et la récompense de tous mes travaux !

Comblé de présents par le gouverneur de la place, je pouvais maintenant poursuivre sans crainte ma route vers Téhéran.

Le chemin est tellement sûr, grâce à l'énergie du gouverneur du Khoraçan, Murat Mirza, surnommé l'Epée de l'empire, qu'on dit sous forme de dicton : « Un enfant portant une assiette pleine de ducats peut traverser la province en toute sûreté. »

Je décidai de franchir à franc étrier la distance qui me séparait de Téhéran et qui demande au moins trente jours de marche.

Plein d'ardeur et de courage, je me mis en route, en compagnie de mon fidèle Tartare, Mollah-Ischak, qui portait sur son cheval toutes nos provisions.

A chaque pas nous croisions des caravanes de pèlerins, des voyageurs, des marchands, avec lesquels nous échangions des salutations.

Les voyageurs européens s'accordent pour décrire la monotonie de cette route; je ne pouvais être de leur avis, moi qui sortais de l'aride et lugubre Turkestan.

Nous chevauchions gaiement, mon Tartare et moi. Une bonne selle vaut mieux que la banquette rembourrée d'un wagon. Le cavalier peut aller où bon lui semble, à sa guise; sa carabine est son garde du corps; il est libre comme l'oiseau. Lorsqu'il sait la langue et connaît les mœurs du pays qu'il traverse, lorsqu'il peut se passer d'interprètes, de lettres de recommandation et de guides protecteurs, un pareil voyage devient une partie de plaisir.

Il est impossible de décrire sa joie, lorsque, vers le soir, il arrive à la halte. Il s'assied joyeux auprès du feu qui pétille et où cuit son dîner, pendant que son cheval se repose en mangeant.

Les rayons du soleil couchant se confondent alors avec les reflets du foyer. Et le sommeil qu'on trouve sous le ciel parsemé d'étoiles est cent fois meilleur que celui que l'on cherche souvent en vain sur un lit moelleux.

C'est ainsi que nous voyageâmes jusque tout près de Téhéran. En approchant de la ville le froid commença à se faire sentir, car nous étions à la fin de décembre.

Je redoutais de rester sans abri à Gosche et à Ahuau, où le froid est terrible. Les maisons de poste qui se trouvent à ces deux stations sont situées très haut sur la montagne ; et leur exiguïté ne leur permet d'héberger qu'un nombre restreint de voyageurs ; si le hasard fait que la maison soit entièrement occupée, malheur au pauvre diable qui reste dehors, car il lui est impossible de trouver un abri couvert !

A Gosche, par bonheur, la maison de poste était vide.

En continuant ma route vers Ahuau, toujours suivi de mon fidèle Tartare, je trouvai des régions couvertes de neige ; il faisait tellement froid, que nous fûmes obligés de descendre plusieurs fois de cheval pour nous réchauffer les pieds en marchant.

A Ahuau, nous marchâmes sur une épaisse couche de neige glacée.

Aussi loin que le regard pouvait s'étendre,

on n'apercevait que des collines couvertes de neige, sans nulle trace de maisons ni de ruines.

Dans la *tschaparchane* (maison de poste) l'hôte me fit un accueil très courtois. Lorsque, après mille compliments, il m'eut conduit dans une chambre bien chaude, ma joie fut extrême et je ne prêtai qu'une oreille distraite à une fort longue histoire sur la femme de Sipech-Salar, généralissime des armées du shah et ministre de la guerre de Perse. Mais lorsque je compris qu'il attendait d'un moment à l'autre cette grande dame, qui revenait d'un pèlerinage à Mesched, escortée d'une suite de quarante ou cinquante personnes, j'écoutai avec une attention extrême, car je courais grand risque d'être obligé de déguerpir; je priai la Providence de m'éviter cette horrible éventualité.

Quand j'eus surveillé l'installation de nos chevaux, je procédai immédiatement à la nôtre, et dès que le feu brilla gaiement dans le foyer et que le thé fuma dans les tasses, j'oubliai tout, le froid, la femme du ministre et son escorte, pour ne penser qu'au doux bien-être que j'éprouvais. Le vent sifflait au dehors, mais je le narguais dans ma chambre bien close; le thé avait réchauffé mon corps, et déjà le pilau et une magnifique poularde exhalaient le parfum avant-coureur d'une parfaite cuisson.

Vers minuit, au moment où nous portions à nos lèvres affamées la première bouchée, un bruit d'armes accompagné d'une litanie de jurons retentissants se fit entendre.

Quelques secondes après on cognait à la porte que j'avais verrouillée, et une voix criait :

« Hola, ho! qu'on se lève. La princesse est arrivée; que tout le monde déguerpisse! »

Je ne me hâtai pas d'ouvrir.

Les cavaliers juraient de plus belle et s'informaient auprès du maître de poste de la qualité de l'intrus si peu empressé.

Lorsqu'ils apprirent que j'étais un hadji sunnite, ils se jetèrent contre ma porte, qu'ils frappaient du pommeau de leur épée et de la crosse de leur carabine, en criant :

« Hadji, ouvre vite et va-t-en, si tu ne veux pas que nous te hachions menu comme chair à pâté! »

La situation était délicate. Mais la perspective de passer la nuit à la belle étoile, par un froid glacial, exalta mon courage, et je résolus de défendre le terrain pied à pied.

Mon Tartare tremblait.

Je le rassurai de mon mieux; je pris mon épée et ma carabine et donnai deux pistolets à mon compagnon, avec ordre de faire feu au premier signal. Puis je me plaçai près de la porte, résolu à tuer le premier qui entrerait contre mon gré.

Ma décision fut comprise par les assaillants, car on commença à parlementer. Après quelques minutes de négociation, je constatai que l'élégance de mon langage avait convaincu mes ennemis que je n'étais pas, comme ils l'avaient d'abord cru, un Bokhariote.

« Qui es-tu donc, si tu n'es pas de Bokhara? Tu ne nous parais pas non plus un hadji.

— Comment, hadji! Qui donc est hadji? Au diable les hadjis! Je ne suis ni Bokhariote ni Persan, entendez-vous; je suis un Européen; je m'appelle Vambéri-Sahib. »

L'effet de ces paroles fut magique.

Mon Tartare devint pâle comme la mort en apprenant que l'homme dont il vénérait la science et la piété était un infidèle.

Je lui jetai un coup d'œil pour le tranquilliser.

Il se remit de sa frayeur.

Les Persans, pour qui l'Européen est un épouvantail, baissèrent immédiatement le ton.

Les jurons furent remplacés par des politesses, et les menaces se changèrent en prières.

Je consentis enfin à laisser entrer deux des principaux d'entre eux, à condition que les autres cavaliers se contenteraient des écuries et des remises.

Mon ultimatum fut accepté.

Lorsque j'entendis s'éloigner le gros de la bande, j'ouvris aux deux qui attendaient. Ils reconnurent tout de suite, à l'aspect de mon visage, que je n'avais pas usurpé mon titre d'Européen.

La conversation devint tout de suite amicale, et une heure ne s'était pas encore écoulée, que nos deux Persans, ivres d'arak, ronflaient dans un coin de la chambre.

Je donnai quelques explications à mon Tartare pour achever de le tranquilliser, et le lendemain matin nous quittions la maison de poste avec les honneurs de la guerre.

Ce fut là le seul incident de notre long voyage.

Le lendemain nous arrivâmes sains et saufs à Téhéran, juste au moment où l'on venait de fermer les portes.

Nous fûmes obligés de passer la nuit dans un caravansérail; le lendemain matin, lorsque je traversai le bazar, j'entendis quelques Persans s'écrier d'un ton aigre, en me désignant :

« C'est un Bokhariote! »

Je croisai aussi quelques Européens, qui d'abord ne me reconnurent pas sous mon déguisement.

Lorsque je me nommai, ils me pressèrent avec effusion dans leurs bras.

J'arrivai à la porte de l'ambassade turque.

Je n'essayerai pas de décrire ma joie en revoyant mes amis, que, dix mois auparavant, j'avais quittés la tête pleine de projets aventureux et qui croyaient ne jamais me revoir, car ils étaient persuadés que je courais à une mort certaine.

L'étonnement fut grand à Téhéran lorsqu'on apprit mon retour et l'heureuse issue de mes périlleux voyages et de mes aventures.

Les Orientaux, pour qui l'art de la dissimulation n'a pas de secret, ne pouvaient pas croire qu'un Frenghi eût pu les égaler dans une science où ils sont passés maîtres. Ils ne se seraient peut-être pas si complaisamment extasiés sur les résultats que j'avais obtenus, si mon habileté à dissimuler ne s'était pas exercée au détriment de leurs mortels ennemis, les Tartares sunnites.

Je rendis visite au shah Nasr-el-Din, à qui je narrai mes aventures. Nous parlâmes beaucoup d'Hérat. Il me demanda dans quel état se trouvait la ville et ce que faisaient ses habitants. Je lui répondis que la ville n'était plus qu'un monceau de ruines et que les habitants seraient heureux de se donner un maître comme Sa Majesté persane. Le souverain comprit mon insinuation, mais il me répondit vivement, à la manière du renard de la fable :

« Je n'ai aucun goût pour les villes ruinées. »

A la fin de l'audience, le souverain m'exprima sa satisfaction sur l'heureuse issue de mon voyage; il me donna un gage de sa sympathie en me décorant de l'ordre du Lion-et-du-Soleil; il me demanda aussi de lui écrire un résumé de mes observations et de mes impressions.

Le 28 mars, jour anniversaire de celui où j'avais commencé, l'année précédente, mon voyage dans l'Asie centrale, je sortais de Téhéran pour me rendre à Trébizonde en passant par Taebriz. Jusqu'à cette dernière ville nous eûmes un véritable temps de printemps. Si l'on se rappelle les sentiments que j'éprouvais l'année dernière à pareille époque, on comprendra d'autant mieux le sentiment de satisfaction profonde qui m'anime aujourd'hui. Alors je me lançais dans des régions barbares, à travers les dangers inconnus; aujourd'hui chaque pas me rapproche des domaines de la civilisation et vers cette patrie que je préfère à tout.

Mon retour s'effectua très rapidement. C'est à peine si je m'arrêtai quelques heures à Constantinople. De là je me rendis par Kustendje jusqu'à Pesth, où je laissai mon fidèle et dévoué compagnon, le derviche Mo'lah de Kungrad, qui depuis Samarkand ne m'avait pas quitté un seul instant. J'allai ensuite à Londres pour rendre compte de mon voyage à la *Royal geographical Society*.

J'eus des peines incroyables à reprendre les habitudes d'une vie qui diffère du tout au tout de l'existence que je menais à Bokhara; tant est puissante la force de l'habitude!

Il m'est resté, en effet, de mon voyage une impression puissante et durable.

Souvent, soit à Regent's-Street, soit dans quelque salon aristocratique, il m'arrive d'oublier où je suis pour revoir par la pensée les déserts de l'Asie centrale, les tentes des Kirghiz et des Turcomans.

FIN

TABLE

I

Arrivée en Perse. — Marche nocturne. — Téhéran. — A l'ambassade turque. — Réception amicale. — Turcs et Persans. — Les représentants des États européens à la cour du shah. — Guerre dans le Hérat. — Voyage ajourné. — Chiraz.   15

II

Je retourne à Téhéran. — Les derviches et les hadjis sunnites. — Je me mets en rapport avec une de leurs caravanes. — Les quatre chemins. — Il faut prendre un parti. — Je me fais Turc. — Résolution finale. — Conseils d'Hadji Bilal. — Comment je fus admis au nombre des hadjis. — Adieux et départ.   25

III

Comment nous quittâmes Téhéran. — Voyage au nord-est. — Les hymnes de marche. — Notre caravane traverse les monts Elbour. — Entrée dans le Mazen-Deran. — Un petit paradis. — Souvenirs lointains. — Tigres ou lions? — Les chacals. — Les babis. — Sari. — Les sunnites. — Karatepe   40

IV

Je suis l'hôte de Nur-Ullah. — On me soupçonne. — Un *tirjaki*. — Nous arrivons au bord de la mer Caspienne. — Jakub. — Embarquement pour Achourada. — La marine russe. — L'embouchure de la Geurghen. — Débarquement à Geumuchtepe.   50

V

Cordiale réception chez Khandjan. — Curiosité que réveille l'arrivée de notre caravane. — La religion commande l'hospitalité envers les pèlerins. — Repos et repas sous la tente. — Je deviens derviche. — Je distribue mes bénédictions. — Mon déguisement me fournit d'heureuses relations. — Mes excursions. — La muraille d'Alexandre. — Un voleur repentant. — Différence entre les Persans et les Turcomans. — Les haillons sont nécessaires en voyage. — Départ. . 70

VI

Je regrette Khandjan. — Belles prairies. — Je tombe sur une famille de sangliers. — Chez Allah Nazr. — Une mère séparée de ses enfants. — Je diminue ma ration ordinaire. — Les esclaves persans. — Un hypocrite. — Le clan Kem. — Ma correspondance. — Je deviens suspect. — Préparatifs pour le passage du désert. — Départ. 98

VII

Le Bogdayla et le Kisil-Takir. — J'éveille la méfiance. — Je ruse pour prendre des notes. — Oraison funèbre. — Histoires de guerre. — Perdus! — Les chameaux. — La Ceurentaghi et ses vallées. — Comment se font les affaires. — Les Balkans du Turkestan. — Gouffre invisible. — Aspect du désert. — Impression qu'il produit sur moi. — Abandonnés dans le désert. — De l'eau! de l'eau! — Tombeaux. — Espérance déçue 124

VIII

Les sables. — De l'eau douce. — Une armée d'ânes sauvages. Aspect du pays de Kaflankir. — Je me regarde dans un miroir. — Rencontre d'un cavalier dans le désert. — Escorte envoyée à notre rencontre. — Arrivée à Khiva. — Mes craintes. — L'audience. — L'Afghan me compromet encore. — Un repas. — Je suis accablé de sollicitations. — Les médecins du khan. — Ma calligraphie mise à l'épreuve. — Le massacre des prisonniers. — Récompenses accordées aux soldats. — Les sacs de têtes. — Je quitte Khiva . . . 158

IX

Charité khivile. — Démonstrations populaires. — Le Kalen-térkhane. — Passage de l'Oxus.— Anes en bateau. — Femmes kirghiz. — La vie nomade. — Alarme terrible. — Nous retournons au désert. — Souffrances qu'endure la caravane. — L'un de nous meurt de soif. — Chaque goutte d'eau est une heure de vie. — Le *Tebbad*. — Hospitalité des esclaves persans. — Un enfant esclave. — Les officiers de l'émir. — Les cigognes de Bokhara. 216

X

Bokhara. — Le grand séminaire de l'Islam. — Marché. — Bazar et magasins. — Échoppes à thé. — Spectacle en plein vent. — On m'espionne. — Bazar de librairie. — Cuisine tartare. — La chaleur et le *rischte* qu'elle engendre. — Régime des eaux. — Religion et pratiques tartares. — Le marché aux esclaves. — Projet de départ. 266

XI

La route de Samarkand. — Aspect riant du pays. — Le village de Mir-Samarkand. — Sépulcre de Timourlan. Les *medresses*. — La vieille et la nouvelle ville. — Retour de l'émir. — L'audience périlleuse. — Mon audace récompensée. — Je quitte mes compagnons de voyage. — Adieux à Samarkand 298

XII

Nouveaux compagnons. — Accident terrible. — De Samarkand à Karschi. — Les puits dans le désert. — Arrivée à Andkhouy. — Maymène. — Passage de la Murgab. — Hérat. — Visite au prince régent. — Mesched. — Le colonel Dolmage. — La générosité d'Iman-Riza. — La maison de poste. — Arrivée à Téhéran. — Retour en Europe 321

16459. — Tours, impr. Mame.

www.ingramcontent.com/pod-product-compliance
Lightning Source LLC
Chambersburg PA
CBHW050422170426
43201CB00008B/511